语文
教学的实践与思考

刘生龙　著

教学理念的改变与教学策略的革新

　　本书结合新课标的要求，理论实践有机统一，充分展现语文教学在新形势下的特点。

吉林出版集团有限责任公司

图书在版编目(CIP)数据

语文教学的实践与思考／刘生龙著.—长春：吉
林出版集团有限责任公司,2012.4
(教师自我修养丛书)
ISBN 978-7-5463-8926-4

Ⅰ.①语…　Ⅱ.①刘…　Ⅲ.①中学语文课–教学研究
Ⅳ.①G633.302
中国版本图书馆 CIP 数据核字(2012)第 060292 号

教师自我修养丛书：语文教学的实践与思考

著　　者	刘生龙	
策　　划	金庄玉	
特约编辑	贾振明	
责任编辑	顾学云　齐　琳	
封面设计	高　天	
开　　本	910mm×1280mm　1/16	
字　　数	200 千字	
印　　张	14	
版　　次	2012 年 5 月第 1 版	
印　　次	2012 年 5 月第 1 次印刷	

出　　版	吉林出版集团有限责任公司
地　　址	长春市人民大街 4646 号(130021)
电　　话	总编办:010-63109462-1104
	发行科:010-85725399
印　　刷	北京海德伟业印务有限公司

ISBN 978-7-5463-8926-4　　　　　定价:28.00 元

目 录

第一章 教案

第二章 说课

第三章　课堂实录

第四章　活动课设计

第五章　语文作文

第一章

教案

从百草园到三味书屋

教学设计 A

创意说明:

　　本设计用两个形式精粹、含蕴丰富的问题,带动对全文的阅读品析,以期达到删繁就简的艺术效果。

教学步骤:

一、导入课文

　　本单元课文主题是成长,我们将陆续学习古今中外六位名家反映成长的文章。今天走进我们课堂的是中国现代伟大的无产阶级文学家、思想家、革命家鲁迅先生。让我们一起来聆听这位伟人的成长故事——《从百草园到三味书屋》。

二、播放课文朗读带,整体感知课文内容

　　结合课前导引了解课文展现的是鲁迅先生美好的童年生活:灿烂的春光中有童真,无味的冬天里也有童趣;自由的玩耍中充满幻想,严肃的学习中也不乏快乐。

三、浏览课文,理清课文脉络

　　技巧提示:题目就是文章的“眼睛”,是窥察文章的“窗口”,它们或暗示文章内容,或点明行文线索,或强化文章主旨,或亮出作者观点等等。我们要善于抓住文题所透露的丰富信息来指导阅读。内容明确:“从……到……”,表示这篇文章大致包括两部分,同时也告诉我们文章前后两部

分的内容。1~8 自然段为第一部分,写百草园的生活;10~24 自然段为第二部分,写三味书屋的生活;第 9 自然段为过渡段。两部分之间表现了作者由童年的游戏、玩乐到长大读书的成长过程。

四、问题探究

1. 铺垫性问题:

百草园是乐园,在三味书屋,少年鲁迅是不是就没有乐趣了呢? ——切入课文第二部分,探究三味书屋之乐。学生读、圈、议,教师应重点引导学生从文字间体会作者叙述时的感情:未脱孩童稚气的鲁迅对三味书屋简陋而蕴含深意的陈设、简单而庄重的礼仪充满了新奇,对方正、质朴、博学的先生充满了恭敬,对先生开明、宽容的教育流露出感激,甚至他迂腐的神态、陶醉的吟诵也令作者极为欢心,更不用说与众多伙伴在一起"偷乐"的时光,三味书屋后园里无声的游玩,课堂上有口无心的唱读,老师入神时我们的"相宜"而乐,作者至今仍是满怀留恋与依依之情的。

小结:从这个段落里,我们看到了一颗天真调皮跳荡着的童心,更欣赏到了散文"绚烂之极趋于平淡"的最高境界。

2. 主问题:

三味书屋的乐趣与作者在百草园时所体会到的乐趣相同吗? ——引导学生用心阅读课文第一部分,并自觉把前后两部分的内容进行比较。

学生读、圈、议第一部分,教师可侧重训练学生在把握作者感情的基础上进行朗读的能力:"其中似乎确凿只有一些野草,但那时却是我的乐园"一句,轻读"似乎确凿",淡化"现在"的回忆,重读"乐园",强化"那时"的感受。

"不必说……也不必说……单是……就……"一段,"不必说""也不必说"要轻读,这是"抑"的部分,它们所引领的部分在朗读时语速稍缓,语调柔和,要体现作者回忆时的喜爱赞叹之情,同时给读者回味遐想的余地;"单是""短短""无限"要重读,这是作者描绘的重点,带强调意味,它引领的内容要通过甜美的语气和略带夸张而多变的语调,表现出儿童或惊喜或羡慕或有情或失望的情趣(此处不妨多费点工夫,让学生逐句揣摩和朗读)。

　　美女蛇的故事和雪地捕鸟两部分,可让学生绘声绘色进行想象性朗读(或讲故事)表演,体会作者玄妙的记述中表现出的儿童神奇欢乐的心理及对百草园热爱迷恋的感情,故事前后的文字是往事与回忆的衔接性语言,要读出作者宽慰反讽的叙述语调。

　　小结:正是因为百草园里的景、物、人、事对儿童具有一种温馨的亲和力,所以少年鲁迅才对它有一种特殊的依恋,才有了离别时的难舍。

　　自由朗读第9自然段,领悟作者深情。

　　让学生比较三味书屋之乐与百草园之乐的异同。讨论后各抒己见,说"异"说"同"都行,有道理就可以。说"同":都是儿童之乐,都表现有儿童对新鲜事物的好奇、对草木虫鸟的独特感受、对有本事的人单纯崇拜、对自由欢乐的追求、对成人世界的无知等等。说"异":百草园是充满生机与活力的乐土,三味书屋是严肃凝重的学堂;百草园之乐源于自然的厚赐,三味书屋之乐源于对知识与快乐的追求;百草园生活可谓"快乐无极限",三味书屋里只能暂借片刻逍遥;百草园里有朴素自然的情趣,三味书屋里有于平淡中开掘的美好情调等等。

　　五、主题归纳。(参考课后练习进行)

　　六、选择自己喜爱的句段,有感情地朗读课文。

教学设计 B

创意说明:

　　鲁迅先生的散文,文笔朴实优美,且形象感特强,往往寥寥数笔,便使各物的形影声色如活了一般,表现出极为出色的绘影图形的描写能力。我想,教学本文时,若能激发学生借助想象和个人体验,参悟文字,还原形象,效果一定很好。因此本设计采用"我给课文绘插图"的构想。

教学步骤：

一、通读课文，整体感知

用简洁的语言说说课文的内容、主题和作者寄寓在文中的感情以及课文的语言特点，感知这篇散文的意境美和韵味美。

二、绘制插图

教师导引：作者笔下的百草园和三味书屋像一幅幅鲜活灵动的画面，极有诱惑力。我想，对于喜爱绘画的鲁迅来说，画出他眷恋的这些时光，一定是他有闲时最美妙的消遣。况鲁迅先生在《朝花夕拾》之《后记》中也曾表示，想寻几幅插图。不知同学们能否满足他这一愿望？今天，课本就是素材，请同学们借助想象和自己的体验，把鲁迅先生《从百草园到三味书屋》中的童年生活画下来。

教师示例：老师画了一幅《先生素描》（实物投影）。我作画时用了课文中写寿镜吾老先生的一段文字："第二次行礼时，先生便和蔼地在一旁答礼。他是一个高而瘦的老人，须发都花白了，还戴着大眼镜。"这里鲁迅仅用三十余字，就勾画出了先生形象，突现出他年龄、身材、须发、装束、神态等几个代表性的特点，使人物形象栩栩如生，呼之欲出。

学生分组作画，选材、命名、作画、修改等均组员商量决定，分工协作。

三、插图汇编

插图展示，全班交流。先说画的名称，再说作画依托，边展示边介绍其中自创的成分和画面的表达。

评选录用充满童趣的、适合课文的、有独特创意的、有审美价值的绘画，编序编组，收录装裱成册。

四、评价补充

你觉得我们今天收录的《〈从百草园到三味书屋〉插图》，还有哪些缺憾？若是没能完全涵盖课文内容，你能补充说说哪些文字没入画吗？若是画面的问题,还有没有改动的余地,怎么改?

五、观画激励

欣赏鲁迅先生小时最爱看的《山海经》(绘画本)中的图画。欣赏鲁迅先生辑录的《朝花夕拾》之《二十四孝图》插图。欣赏丁聪先生所配《鲁迅小说全编》插图。欣赏同学们课堂创作的插图。

欣赏网上下载的相关图片。

教学设计 C

创意说明:

本文最值得学的是简洁质朴而饱含感情的语言,引导学生揣摩体会后识记并学用其中的典型例子,对学习语言定会大有裨益。所以本设计定位在语言学用。

教学步骤:

一、初读课文,积累生字新词。

二、通读课文,整体感知大体内容和语言特色。

三、语言体味,学用。

选择自己喜爱的句段,自由地朗读。

说说你喜爱的理由。教师注意及时点拨。

你能仿照说一句话吗? 学生自由发言后师生一起归纳整理本文语言学用点:

关联缀景,条理分明的;

摹形状物,惟妙惟肖的;

简笔勾勒,形象传神的;

场景描写,渲染气氛的;

词句反复,表现深情的;

精彩用词,传达独特感受的;

动词连用,清晰交代过程的。

四、下发本文语言欣赏材料,自读体会。

济南的冬天

教学目标:

1.有感情地朗读课文,感知课文内容,把握作者的感情。

2.体会拟人、比喻等修辞方法在写景中的作用,品读优美的语言。

3.培养学生热爱祖国山河的感情,培养学生的审美能力。

教学重点:

1.有感情地朗读课文,感知内容。

2.揣摩语言,体会作者对景物独特的感受及其寄予的深情。

课时安排:两课时。

课前准备:

1.学生熟读课文,会生字,能准确注音,排除字词障碍。

2.学生课前查阅相关背景资料,了解作者的相关知识。

第一课时

　教学内容:熟悉课文内容,理清文章结构层次和主要内容。

教学过程：

一、创设情景，导入新课

同学们，我们都经历过冬天，那么，陈村的冬天给你什么样的感受？

那么，你们有没有在冬天去过北方呢？那北方的冬天给你怎么样的感受呢？

对，说到北方冬天的时候，我们的脑海里总是浮现出那白雪皑皑的画面，千里冰封，万里雪飘，也会想到呼啸的北风，迎面如刀割的凛冽寒风。总之，北方的冬天给我们的感受既有美丽的雪景，也有刺骨的寒风。然而，在北方有这么一个地方，不但那里的美景让人流连忘返，而且冬天里没有呼啸的寒风，却有着无限的温暖，那水不但不结冰，反倒冒着点热气，同学们，知道那是什么地方吗？今天，我们跟随老舍的脚步一起走进《济南的冬天》，去观看济南冬天的美景，去感受那冬天里的温情吧。

二、板书课题：济南的冬天——老舍（课件显示）

三、作者简介

作者原名舒庆春，我国现代著名作家，被誉为"语言艺术大师"。他所写的小说《骆驼祥子》和话剧《茶馆》等作品，在中国文坛上产生了广泛影响，其散文也写得清新优美，《济南的冬天》就是其中的一篇。

老舍是北京人，去过很多地方，如英国的伦敦，山东的济南。他曾先后在济南住过七年，虽然仅仅是七年，但时短情长，他对济南产生了深厚的感情，把济南称作他的"第二故乡"。正因为这样，所以作者在写济南的时候，是怀着深厚的感情来写的。让我们一起来体会作者的深情吧。

四、朗读感知

播放示范录音，在听录音的时候，要听准字音，注意语速、语气和语调。

边听边思考：作者从哪几个方面来描写济南的冬天？

五、生字词的掌握

1. 读一读,写一写。
2. 解释重点词语。

六、思考

作者从哪几个方面来描写济南的冬天?(天气、山和水)

济南冬天的天气特点是什么?(无风声、响晴、温晴)

济南冬天的天气特点是无风声、响晴、温晴,那么文中是通过什么手法来写济南冬天的天气特点的?(通过对比的手法,与北平、伦敦和热带对比,突出了济南是块宝地,流露出了作者对济南的喜爱之情)

作者分别写了什么环境下的山?山的特点分别是什么?(阳光下的小山、小雪下的小山和城外远山,特点分别是可爱、秀气和淡雅)

济南冬天的水有什么特点?(暖、绿、清亮)

七、美的欣赏

欣赏济南冬天的美景。

八、美的发现:

划出自己认为最美的句子,并写出自己的体会。

提示:我认为……最美,美在……。

1. 运用的修辞手法。2. 抓住事物的特征。3. 情景交融。

九、美的创造

导游冬天的济南。

请同学做小导游,追随老舍的足迹,向游客介绍冬天的济南。

十、课堂小结

十一、作业：

1. 抄写生字词，并注音。2. 写作练习：写家乡的景物，抓住景物的特征来写。

羚羊木雕

教材分析：

本文是一篇反映亲情、友情的文章。文章写"我"把珍贵的羚羊木雕送给了最要好的朋友万芳，父母发觉了，逼"我"去要回来，"我"被逼无奈，硬着头皮从万芳那把羚羊要回来，"我"对朋友反悔，伤心极了。通过一只珍贵的"羚羊木雕"的送、要，旨在揭示子女与父母发生了冲突，应该怎样与父母沟通，怎样正确对待友情。

学习本文的目标在于：

（1）整体感知课文，分角色表演，体会人物的思想感情；

（2）联系生活实际，学会与父母、他人沟通，获得人生有益启示。

设计理念：

子女与父母不是同时代的人，在对待人、事方面存在着分歧。表现这样主题的文章接近学生的生活，学生会有很大的兴趣，而怎样处理误会、解决矛盾，学生可能有自己的看法。新教材的课标要求在于充分发挥学生主体的能动作用，给学生展示才能的机会。因此，教学中，抓住学生的兴趣，在感知课文内容，体会人物思想情感基础上，通过话剧表演、辩论会的形式，让学生把握人物的思想性格，谈看法、辩是非，以此来培养学生的口头表达能力和处理问题的能力。

设计思路：

　　本课内容容易与学生情感发生共鸣，教学时，分四步完成：

　　第一步：让学生课前反复阅读课文，熟悉内容。

　　(1)掌握生字词语

　　(2)搞清课文中出现了哪些人物，这些人物之间是什么关系。

　　A、父母对"我"怎样？

　　B、"我"和万芳的友情怎样？通过哪些事情表现出来的？

　　这些人物之间产生了什么矛盾？

　　这些矛盾是围绕什么展开的？

　　父母逼我要羚羊木雕，奶奶是怎样对待这件事的？父母听奶奶的话没有？说明了什么？

　　作者的感情倾向是怎样的？怎样理解课文的思想感情？

　　第二步：学生合作学习：

　　(1)小组内分角色朗读，品味揣摩人物个性化的语言，体会人物的思想感情，进行排练。

　　(2)分四个组进行话剧表演。

　　第三步：围绕怎样与父母沟通，怎样对待友情进行辩论。

　　第四步：片段作文训练：

　　对"我"从万芳家回来时的心情进行续写。

教学时间：

　　二课时。

教学流程：

　　(一)创设情境：我们和父母不是同时代的人，肯定在思想观念等方面跟他们有不一致的地方。在你的生活中有没有跟父母因某事而意见分歧？你是怎样处理这些矛盾的？请你说说你的经历。(请两三个学生谈经历)由此导入本课。

　　(二)检查学生预习、感知课文情况：

1. 交流预习中的六个问题。

2. 教师在学生交流的基础上归纳、板书：

父母：重财轻义

万芳：重友情

"我"：重义气

（三）合作学习：童话剧表演。

分成四个大组，按角色进行表演，注意品味揣摩人物个性话的语言，体会人物思想感情。

（以上为第一课时）

（四）以"亲情与友情"为话题，组织学生进行辩论。

1. 通过辩论会的形式，目的在于：

（1）引导学生正确认识怎样与父母沟通，怎样对待友情，培养学生辨别是非的能力和处理问题的能力。

（2）学习辩论的技巧，培养学生敏捷的思维和口语交际能力。

活动过程：

导入："我"既然把羚羊木雕送给了万芳，父母逼"我"要回木雕，这样做对与不对？怎样才能避免与父母发生矛盾？怎样正确对待友情？请大家围绕"亲情与友情"进行辩论。板书辩论会主题：亲情与友情。

方法：男生代表父母一方；女生代表"我"、万芳一方

老师主持，宣布要求后，先提出问题："既然羚羊木雕已送人，父母逼我要回，对或是不对"？以此谈论各自的看法，老师在学生辩论中不时进行引导、点拨。

小结：子女要多与父母沟通，交流。

（五）片段作文训练：续写"我"从万芳家回来时路上的心情。

教学反思：

从此课的教学效果看，学生不但掌握了课文内容，而且训练了他们的表演能力、口语表达能力、辨别是非能力和处理问题能力。如：在怎样与父母沟通，怎样对待友情的辩论中，学生各抒己见，据理相争，课堂气氛活

跃;在表演我受委屈害怕失去友情时,失声痛哭,真切动人,不但动作到位而且把握到人物的性格。这个教学设计真正体现了学生是教学的主体,体现了以人为本,以能力训练为主的教育理念。

天上的街市

教学目标:

1.知识目标:①了解作品内容的时代背景。②了解诗歌丰富的联想和想象。

2.能力目标:提高诵读能力。

3.情感目标:体会诗人对自由、幸福生活的向往。

教学重点:提高学生的诵读能力和想象能力。

教学难点:想象和联想的运用。

教学媒体:电脑、投影仪等。

学生准备:了解有关牛郎织女的故事传说,查阅这两首诗的创作背景。

教学过程:

一、情境导入

请同学们看屏幕,"假如图片中的女孩就是你,面对迷人的夜空,你会想到什么呢?"(出示图片1)宇宙空间是那么的神秘莫测,让人们充满好奇和幻想。生活中人们长期以来演绎了许多动人的故事,如嫦娥奔月、天仙配、牛郎织女等,将我们并不了解的世界想象得多么美丽,那么,天上到底是怎样的呢?让我们一起走进郭沫若的诗歌《天上的街市》。(出示图片2)用心感受诗人所追求的那份美丽,那份新奇。

明确本节课的"学习目标"(出示图片3)。

1.有感情地朗读诗歌,读出诗人在诗中表达的思想感情。

2.学习联想和想象的表现手法,培养联想和想象的能力。

二、作者简介(出示图片4)

郭沫若(1892～1978),原名郭开贞,四川乐山人。现代诗人、学者。代表作有诗集《女神》《星空》、话剧《屈原》等。

三、背景介绍(出示图片5)

1919年5月4日,一场轰轰烈烈的反帝反封建的伟大爱国运动在全国铺天盖地地展开,但不久却被残酷地镇压下去。"五四"运动的高潮过后,中国又陷入了死一般沉寂的黑暗中。当时作者从日本回到祖国,目睹了社会的黑暗,感到极大的愤怒,苦闷感伤,但他并没有悲观失望,依然不倦地追求光明和理想,于1921年10月24日写下了:《天上的街市》。

四、朗读课文,朗读指导(出示课件6)

1.请同学读课文。看大屏幕读诗(出示课件7)

2.请同学评一评,这位同学读得怎么样? 好在哪里? 你认为还有什么需要注意的地方? 你认为这句应该怎么读? 读给大家。

3.教师明确:诗歌的朗读是有一定的要求的,下面我们一起来看看有哪些要求。(从而过渡到诗歌"朗读要求"的讲解。)

(1)注意节奏缓急、音量大小和速度快慢,做到轻松、柔和、舒缓。(2)把握好这首诗美好、恬静、自在、清新而略带忧郁的感情。(3)划出诗歌的节奏并标出重音。

4.进入朗读诗歌的环节。划分朗读节奏,用"/"标出。

(教师在行间巡视,了解学生划分的情况,等划得差不多后做进一步要求)。(等大家划完后做要求)请同桌的相互交换,读一读,看看与自己的有什么区别? 对你的同桌划的重读音作评价,谈谈自己的看法。然后看大屏幕,看你划的朗读节奏是否正确。(出示课件8)

5.根据刚才划分的节奏和重音,把诗再读一遍要读出音乐的美。(出示课件9)

6.播放配乐朗诵。(出示课件10)

　　7.(在课件播放结束后)请同学们模仿播音员的朗诵再将诗歌朗读一遍。

　　五、整体感知(自然进入"赏析诗歌意境"的环节)

　　(出示课件11)

　　1.全诗共四个小节,哪些是写实的,哪些是写想象的?

　　2.请你概括出诗人所想象的内容及想象过程。

　　小组讨论以上两个问题:

　　A.第一节是写实的,第二至第四节是写想象的。(出示课件12)

　　B.诗人想象了牛郎织女在天上幸福、美满的生活。

　　想象过程:(出示课件13)

　　街灯↓↑→天上的美丽街市→街市上的珍奇物品→牛郎织女的幸福生活

　　　　明星

　　(教师明确:所谓联想,就是由一事物想到另一相似事物的过程。想象,就是在原有感性形象的基础上创造出新形象的过程。)

　　六、品味探究

　　教师投影出示问题组,学生小组讨论。

　　1.在这首诗中出现了哪些物,哪些人? (出示课件14)

　　明确:街灯、明星、陈列的物品、牛郎、织女。

　　2.作者所描述的"天上的街市"是怎样的? (出示课件15)

　　明确:美丽,繁华富庶,商品琳琅满目。

　　3.诗人描写的牛郎织女的生活与传说中的牛郎织女的生活有何不同? (出示课件16)

　　明确:在诗人的想象中,天河不再成为阻隔牛郎织女的障碍,他们自由来往,无拘无束,过着自由、幸福、快乐的生活。

　　4.通过描写天上的街市,牛郎织女的生活,作者这样写想表达什么? (出示课件17)

　　明确:描绘了美丽的街市及牛郎织女幸福的生活,表现了诗人对黑暗

现实的痛恨,对光明、自由、幸福、快乐生活的向往和追求。(主题)

七、(出示课件18)举例说说这首诗的语言好在那里

如:诗句押韵、和谐,语气亲切,用词准确等。引导学生赏析第一节和第二节。

1.第一节中的"闪着明星"和"点着街灯"中的"闪"和"点"字,能否互换? 为什么?

明确:"闪"形象生动而又准确地写出了明星若隐若现的状态。"点"很有表现力。既是"点"着灯,也就有点灯人,既有人,天上也就有一个世界。"点着无数的街灯",既渲染出一派神秘奇丽的色彩,又为以后各节描写作好了铺垫。

2.第二节句首冠以"我想",表明了下面写的都是作者的主观想象。用"缥缈"修饰"空中",从隐隐约约当中表现出天空的高远深邃;

3.用"美丽"形容"街市",总写出街市的美好;

4."定然"一词,语气肯定,从而表现出诗人想象在那高远深邃的天空中必有美好的街市。(板书:天街美好)

5.用"陈列"修饰"一些物品",表明店铺中物品相当多,摆布很得当;

用"世上没有"修饰"珍奇"突出了珍贵奇异物品世上绝无。(出示课件19)

师小结:两层驰骋想象,由写街到写物,连接紧密,逐步展现,表现出诗拥有飞翔想象的羽翼;神游天上街市,表达了诗人想象天上必有一个远胜人间美好世界的坚定信念。

八、分组讨论

老师和同学们一起欣赏了一、二小节的内容后,将全班分为两组,每组推荐一位同学来主持,采取"挑战主持人"的方式请学生先读一读,然后推荐两位。

(分成两组,分别讨论第三、四小节)(出示课件20)

第三节学生主持:

第四节学生主持:

（出示课件 21）

作者由地上的街灯想到天上的明星是一种什么手法？作者又是通过什么手法写天上的生活的？

八、诗人运用联想与想象的手法，用优美而又亲切的语言，为我们描绘了美丽的天街，创造了牛郎织女自由幸福的生活图景。字里行间，充溢着诗人对自由幸福美好生活的向往与追求，体现了浪漫主义的创作特色。

让我们再一次有感情地诵读一遍这首诗，感受诗人的美好情怀吧。

九、实践运用

1.有一位同学读了这首诗后浮想联翩，晚上在睡梦中游历了诗中描绘的街市。梦醒后，他想记录下这次经历，可是只开了个头，就写不下去了，现在让我们一起来帮助他。

今天，我终于来到了梦寐以求的天上的街市，我看到了＿＿＿。（出示课件 22）

2.充分发挥你的联想和想象能力，参照下面句子的样式，仿写：（出示课件 23）

A 是一座金字塔，是进取。

B 是两颗联结在一起的心，是友谊。

C 是未满的月牙儿，是缺憾。

3.看图中的圆，你联想或想象到什么？（出示课件 24）

十、本课小结（出示课件 25）

本诗通过由远远的街灯产生联想和想象描绘了天上的街市及美好的生活，虚实结合，表现了作者对黑暗现实的痛恨，对光明、自由、幸福、快乐生活的向往和追求，激发人们为实现这一理想而奋斗。

布置作业：牛郎织女由不幸的生活到诗人郭沫若笔下过上幸福的生活，你能想象其中的过程吗？请写出来。（出示课件 26）

木兰诗

教学目的:

1.了解诗歌表现的古代劳动人民乐观勇敢的爱国精神,以及对和平生活的向往。

2.学习《木兰诗》详略得当的写法。

3.领会故事情节曲折,富于戏剧性,充满传奇色彩的表现方法。

4.体会民歌刚健清新的特色,掌握对偶、排比等修辞手法。

教学设想:

1.教学中,让学生反复诵读,注意体会它的民歌特色。培养阅读古代诗歌的兴趣。

2.充分调动学生学习的主动性,指导查阅工具书,引导看注释,熟悉课文内容。

3.教学方法:自读——讲析——问答——练习,也可以配合电化教学进行。

4.安排二课时。

教学过程:

一、导言

今天我们学习一首古代北朝民歌《木兰诗》。(板书课题)

1.题解。

《木兰诗》又叫《木兰辞》,选自宋朝郭茂倩(qiàn)编的《乐府诗集》,这是南北朝时北方的一首民歌。北朝民歌以《乐府诗集》所载"梁鼓角横吹曲"为主。这是当时北方民族一种在马上演奏的军乐,因为乐器有鼓有角,所以也叫"鼓角横吹曲"。《木兰诗》则是北朝乐府民歌的代表作。

2. 背景介绍。

《木兰诗》产生的时代,当在西魏。那时正是南北朝时期南北对峙,战争是北朝社会一个最突出的现象,整个北朝的历史几乎与战争相终始,在初期"五胡十六国"的 130 多年中,战争尤为频繁。五六世纪间,我国北方少数民族鲜卑族与柔然族在黑山、燕山地区进行过长期的战争。这与诗里所写的木兰出征路线正相吻合。这可能就是《木兰诗》的历史背影。

二、指导自读

1. 出示小黑板上的生字词,要求学生利用工具书,借助课文注释给加粗字注音并辨析其中某些字形。

机杼　可汗　鞍鞯　辔头　溅溅　胡骑　戎机　朔气　金柝　红妆　著我旧时裳

2. 学生轻声读课文,要求借助课文注释,口头试译全诗,熟悉故事情节。教师行间巡视,指教。

3. 指名学生说出故事内容;教师在学生试译课文的基础上用幻灯或投影仪打出课文翻译的内容,同时播放《木兰诗》原文的录音,让学生边听原文,边看译文,从而加深印象,调动学生学习的积极性。

三、研读课文(着重明确自读要点)

1. 提问:这首诗叙述了一个什么故事?

归纳:诗中叙述了木兰女扮男装、代父从军的故事。

2. 提问:全诗在进行结构剪裁和人物描写上始终紧扣住哪一特点?

提示:"木兰是女郎"。

3. 提问:《木兰诗》按什么顺序安排故事情节的? 全诗可分为几大部分? 各写出什么内容?

归纳:以故事发生、发展、结局的时间为序;诗的正文可分为三大部分:

第一部分(第 1~3 段),叙述木兰的身份,交代从军的缘由,以及写木兰出征前的准备工作和征途上的见闻、感受。

第二部分(第 4 段),写木兰万里长征、十年转战凯旋的生活。

第三部分(第 5～6 段)写木兰归来见天子,功成不受赏,请求还故乡,以及爹娘姊弟迎接木兰、木兰和亲人团聚的情形。

最后一段是附文,以兔为喻,赞美木兰。

4.教师在理清课文情节的基础上进一步分析木兰的形象意义。(可引导学生边看课文中插图或看制成的幻灯图片,边听老师讲)

教师讲析:全诗叙述了木兰女扮男装、代父从军、还朝辞赏、回到故乡的故事,反映了我国北方人民矫健尚武的精神,表现了我国古代劳动人民勤劳淳朴、乐观勇敢的爱国精神,以及对和平生活的向往和不慕名利的优秀品质。

木兰,相传姓花,花木兰已成了家喻户晓的巾帼英雄的形象。她是一个勤奋织布的普通姑娘,但当战争到来的时候,竟自勇敢地承担起一般妇女所不能承担的代父从军的任务。从这一壮举中,可以看出木兰深明大义,既体贴父母的困难,又考虑到国家的需要。买了"骏马""长鞭",经历黄河黑山,北到燕山朔野,万里长征,十年转战。凯旋归来后,木兰不但不贪功图赏,而且鄙弃功名利禄,这种气概是何等的磊落轩昂。在爹娘姊弟的热烈欢迎的欢愉气氛中,她"脱我战时袍,著我旧时裳""理云鬓""帖花黄",一旦恢复女儿装时,同行的伙伴才惊讶地认出这个十年征战,功勋卓著的"壮士",竟是一个"女郎"。这个喜剧性扑朔迷离的传奇故事,无不烘托出淳朴、天真、活泼、机智的女子形象来。这个美的化身,也正是人民群众所喜爱的巾帼英雄。

5.提问:这首诗在叙事上的详略得当体现在哪些地方?

归纳:详写第2、第3、第4、第6段,即对木兰的从军缘由、恋别、辞官和还家都写得比较详细。这是因为作者紧扣住"木兰是女郎"的身份特征和性格特征去精心剪裁安排详略的。凡有助于突出这一特征,更好地表现主题的,则铺写不厌其烦,反之则惜墨如金。如对历时十年的战斗生涯(第4段),仅有"万里赴戎机"以下六句,还有出征前的准备(第3段开头四句)也写得比较简略,详略搭配得当,正是为塑造木兰这一巾帼英雄形象服务的,为全诗主题服务的,也是这首诗在写作上的一个显著特点。

6.提问:什么叫对偶的修辞方法? 什么叫排比的修辞方法? (要求学生看课文后练习三、四,从课文中找出原句并用波浪线画出来,阅读体会它的好处)

归纳:把结构相同(或基本相同)、字数相等(或基本相等)的两个短语、句子或句子成分,相称地排列在一起,表达相似、相反或相关的意思,这种修辞方法叫对偶。如:"万里赴戎机,关山度若飞"。排比,由几个(三个或三个以上)结构相同或相似,语气一致的短语、句子或句子成分排列起来组成。无论叙事、议论、抒情,都可以用这种修辞方法来加强语势,或表示逐层深入。如:"东市买骏马,西市买鞍鞯,南市买辔头,北市买长鞭。"

7.学生齐读画出来的对偶句、排比句,体会它的表达效果。

四、布置作业

1.翻译下列句子:
(1)愿为市鞍马
(2)但闻黄河流水鸣溅溅
(3)旦辞黄河去
(4)万里赴戎机
(5)关山度若飞
(6)出郭相扶将

2.做练习三。

(参考答案:1.强调木兰关心国难;2.英雄果敢、机智的行动;3.4.英雄杀敌心切,行动快速;5.父母厚情相迎;6.英雄自豪之词。)

3.课后背诵并默写《木兰诗》。

看云识天气

设计依据:

　　"建构主义学习理论"认为:学生学习的过程是主动建构知识的过程。一篇篇课文是一个个的信息库,学生的学习过程从某个意义上讲,应该是理解信息、收集信息、整理信息、应用信息的过程。基于此认识,在教授《看云识天气》时,我设计了"我是某某",让学生任选一种云或光彩,以第一人称的方式作自我介绍的演读。学生要进行自我介绍,势必认真研究课文,理解、收集、整理、运用课文中的信息,在探究的基础上,明确各种各样的云和光彩与天气的关系。另一方面,让学生自我介绍,对学生来说是新鲜的,因此,它可能在一定程度上激发起学生探究课文的兴趣。在品味语言时,请大家用"美在……因为……"句式,就文章的语言美作评论,力求使学生在自主探究基础上达成教学目标。因此,以较丰富的课堂教学形式,引导学生进行趣味学习。

　　探究式教学模式由以下步骤组成为:创设情境——初读感知——演读深究——品读感悟——寻读拓展。

教学目标:

　　1.学习本文层次美、语言美
　　2.培养观察能力和对美的感受能力
　　3.培养良好的观察习惯和科学精神。

教学准备:

　　课件,收集谚语。

教学过程:

一、创设情境,引入课题

多媒体屏幕上出现千姿百态的云。(学生的注意力被吸引)

老师:天上的云,真是姿态万千,变化无常。(学生小声议论各种云)

屏幕上出现白云朵朵,阳光灿烂,一时又是乌云密布,大雨倾盆。

老师:云就像是天气的"招牌",今天让我们一起来解读这大自然的文字。

二、初读感知

默读:

1.看云识天气最基本的经验是什么?(很快找到了)

2.文中依次介绍了哪些云和光彩?画出对它们进行描写的语言材料,并明确它们将带给我们怎样的天气。(一一明确)

三、演读深究

1.明确任务:请大家任选一种云或光彩,以第一称的方式作自我介绍。

介绍要求:①充分利用描写云彩的语言材料;②让别人明白你将会带来怎样的天气。

教师示例:"Hi 大家好,我叫卷云,我常丝丝缕缕地漂浮着,有时像一片白色的羽毛,有时像一块洁白的绫纱。别看我身子很单薄,可我最轻盈,站得也最高,阳光可以透过我照到地面。我很受欢迎,因为我会给大家带来晴朗的天气。"

2.对照课文,学生各人自说自讲,在书上做记号。(教师巡视,气氛热烈)

3.小组合作交流,然后课堂交流,同一组同学点评。(形成一个高潮)

学生:乌云弥漫,雷声隆隆,电光闪闪,哗啦哗啦地下起暴雨,这就是我——积雨云在作怪。我是由积云变化而来,当积云迅速向上凸起,形成高大的云山,群峰争奇,耸入天顶,就成了我。我有时会恶作剧,还会带来冰雹或者龙卷风。大家认识我了吗?

学生:"朝霞不出门,晚霞行千里",说的就是我——霞。我很美丽,常在清晨或傍晚出现,你知道吗? 当太阳照到天空,云层变成了红色,我就又穿上美丽的红衣裳……

老师:通过自我介绍,我们认识了各种云彩,明白了它将给我们带来怎样的天气,这样我们对课文内容与层次是不是更熟悉了?

四、品读感悟

1. 读第一段,用一个字来评价语言上的特点。(美)

2. 进一步品味语言之美,有的是使用了某种修辞,有的是使用某种句式,有的是使用了优美的词语,有的是使用了某种表达方式,有的是使用了某些布局谋篇的形式。这篇文章有很多美点,小到一个词语、句子,大到几个段落,可谓俯拾皆是。下面请大家用"美在……因为……"的句式,就文章的语言说一句评论式的话。怎么说呢? 像这么说:如,本文的语言美在"它们有时把天空点缀得很美丽,有时又把天空笼罩得很阴森。刚才还是白云朵朵,阳光灿烂;一霎间却又是乌云密布,大雨倾盆。"因为它运用了对比的修辞手法,突出地显示了天气的变化无常。(对词、句、段落进行了品味)

五、寻读,课外延伸

1. 点示:课文讲的是"看云识天气",其实在现实生活中,我们不仅仅是通过"看云"才能识别"天气",我们可以看"动物""植物""某种现象"或"一些感觉"等都可以帮我们识别天气,有的方法特别灵,有的已形成了谚语,被广为流传。你能说出一两条来吗?

2. 学生活动:学生自由讲述。

3. 学生课外收寻并积累识天气的方法。

童　趣

教学目标：

①准确地划出语音停顿，节奏分明地朗读并背诵课文。
②积累词语，同时理解作者的精神体验——"物外之趣"。
③领悟作者的奇思妙想，丰富自己的想象力。

教学重点：

①反复朗读，领会课文大意。
②初步了解古文与现代文的异同词，掌握学习古文的规律。
③理解怎样借助观察、想象，获得生活乐趣。

教学时间：

　　二课时。

教学过程：

一、激趣引读，诵读积累

1.情境导入，激发兴趣：同学们，儿童是天真烂漫的，他们对世界充满了好奇和幻想。孩子的想象是奇特的、变幻的，一些大人们看来微不足道的小事，通过孩子们的想象，都会生出许多的趣味。你有美好的童年吗？童年的生活是否还历历在目？今天我就带你走进童年时代，我想会勾起你们许多美好的回忆……说说你童年的趣事。

今天我们来学习清代文学家沈复的短文《童趣》。文中的趣事，会勾起我们许多儿时的回忆，或许还能给我们带来意想不到的启发。

2.作品、作者简介。

3. 教师导学:文言文是古代的书面语,特点是简洁、典雅。它与现代汉语一脉相承,只要有信心,并不难学。学习文言文是为了继承民族的文化遗产,又可以帮助我们了解历史,还可以丰富我们的语言。学好文言文关键在于培养语感。一是要熟读、背诵;二是要用心领悟;三是不断积累文言词汇。

学习本文,首先要疏通文意。其次,要重视朗读背诵。在朗读时,要很好地把握语气和节奏,要大声地读,读出点文言味儿来,读出文章的主旨。

二、诵读积累,初步感知

1. 教师范读课文。并在语音、语气、节奏、感情等方面给学生以指导和点拨。

2. 学生反复诵读课文。注意下列加点字的读音:藐(miǎo),项为之强(jiàng),鹤唳(lì),怡(yí)然,凹凸(āo tū),为壑(hè),癞(lài)虾蟆。

3. 解释词义,疏通文意

①默读课文,揣摩课文内容,试着解释下列词句。搞不清的四人小组讨论,合作解决。

a. 能张目对日,明察秋毫。　　b. 私拟作群鹤舞于空中。

c. 昂首观之,项为之强。　　d. 又留蚊于素帐中,徐喷以烟。

e. 果如鹤唳云端。　　f. 捉虾蟆,鞭数十,驱之别院。

g. 见藐小之物必细察其纹理。

h. 以草为林。i. 舌一吐而二虫尽为所吞。

4. 在教师的帮助下,试着让学生将课文译成现代汉语。

5. 反复朗读课文,并让学生试着划分朗读节奏。

三、合作探究,互动释疑

(一)合作探究:四人小组讨论,教师适时启发、点拨、引导。

1. 学了这篇古文,你有什么感受? 你最喜欢哪一段?

2. 请概括地说出作者记叙了哪几件"物外之趣"?

　　第一件是把夏蚊看作群鹤,徐喷以烟,使其冲烟飞鸣,怡然称快。

　　第二件是把土墙凸凹、花和花台边小草丛杂处看作大自然,从而怡然自得。

　　第三件,把癞蛤蟆看作庞然大物"拔山倒树",又写了如何惩罚癞蛤蟆,表现了儿时的天真之情。

　　3. 你认为这种"物外之趣"是怎样产生的?

　　提示:是借助于丰富的联想和想象创造出来的。

　　4. "我"为小虫打抱不平,为什么只是"驱之别院",而不是将癞蛤蟆处死?

　　提示:a. 珍惜生命。b. 处置有度

　　5. 怎样才能获得"物外之趣"呢?

　　"物外之趣"非物自身所有,却又与物有关,"物外之趣"在于善于观察,善于想象,才能因物而生成意趣。第 1 自然段"明察""细察"是两个关键词语,意思是观察敏锐、仔细。只有这样才能获得"物外之趣"。"张目对日,明察秋毫"——是观察的本领。"见藐小微物,必细察其纹理"——是观察的习惯。时有物外之趣——是观察的收获。除"明察、细察"之外,还要有丰富的想象,才能真正获得"物外之趣"。

　　(二)互动释疑:你还有哪些疑问,请说出来,大家一起探讨解决。

　　如:三件趣事可否调换位置,为什么?

　　讨论明确——不可以。因为三件趣事的写作的顺序是由室内到室外。三件趣事在程度上是逐步加深的:由把夏蚊拟作群鹤,到把草木、虫蚊、土墙凸凹处拟作"林、兽、丘、壑",再由癞蛤蟆与小虫在其中的生死之斗。

　　四、背诵比赛,加深理解

　　男女生比赛,限时背诵课文。

　　注意语音停顿,节奏分明。背诵时想象出三幅画面,在理解的基础上背诵。

五、联系生活,体验拓展

1.生活体验:你有没有过类似的经历? 说说你童年中有趣的事,善于从联想中发现事物的美妙。试展示一下自己的想象力和创造力。

2.拓展延伸:鼓励同学们敞开述说,教师应注意引导学生围绕中心畅谈体会,做好评价。

a.这篇课文对你有怎样的启发?

提示:联想和想象是创新的基础。我们要培养创新能力,首先要培养自己的联想和想象的能力。我们要保持青少年特有的好奇心和富于幻想的特点,勇于实践,做一个敢想敢做、勇于开拓的人。

b.你认为怎样做才算是一个有情趣的人?

提示热爱自然,热爱生活;善于观察,富于联想和想象,加之有一定的审美能力,能发现美、认识美,就能成为一个富有情趣的人。

答案不求统一,只要言之成理即可。要尊重学生的独特感受,对有创意的回答,教师要给予热情鼓励。

3.总结:同学们,《童趣》是一篇饶有兴味的文章。作者的奇思妙想引发我们很多美丽的联想和想象。其实世界上许多重大的发明,都是在联想、想象甚至幻想中产生的。少年儿童有着天生的好奇心,我们应当把它充分开发出来,使我们的生活、学习更加多姿多彩。同时希望同学们能逐渐引起对文言文的兴趣,多多积累文言词汇,为今后学习文言文打好基础。

理　想

知识目标:

有感情地朗读、背诵这首诗歌,体会其形象化的语言,联系生活实际及个人经历,理解诗歌的主旨。

能力目标:

　　模仿课文的写法,写短小的诗句。

情感目标:

　　树立为远大的理想而奋斗的信念。

教学重点:

　　朗读训练,整体感知课文,把握诗歌的结构,理解诗歌的主旨,赏析诗歌的语言。

教学难点:

　　反复朗读这首诗歌,讨论、理解诗歌的主旨。

教学方式:

　　朗读教学法。

教学用具:

　　多媒体课件。

课时安排:

　　二课时。

第一课时

　　重点是反复朗读这首诗歌,整体感知课文,把握诗歌的结构,讨论、理解诗歌的主旨。

教学过程：

一、导入新课

1. 导语设计：同学们，在第一单元里，我们研讨过现代诗《在山的那边》。诗人在诗歌中写道："在山的那边是海！是用信念凝成的海。"这里的"海"指的是什么呢？是指理想的境界。有了理想，有了追求，一个人就会不畏劳苦地向着一个目标前进。那么，什么是理想的境界呢？人生为什么要有理想？我们应当树立什么样的理想？如何才能实现自己的理想？著名诗人流沙河的哲理诗《理想》，同样会"在一瞬间照亮你的眼睛"。

2. 作者：流沙河，原名余勋坦，四川金堂人。1931 年 11 月 11 日生在成都。中国作协理事、四川作协副主席。作品出版 20 种。

二、朗读课文，整体感知

1. 教师范读。

2. 正音、正字。

蜕 饥寒 离乱 缀连 远行 倔强 洗濯 玷污 怨恨 扒窃 诅咒 浓阴 海天相吻

3. 释词。

寂寥，就是寂静空旷。

浪子回头 碌碌终生 绝处逢生 可望不可即

4. 学生默读，感知课文内容：理想究竟是什么？

第 1 节，总说理想是前进的方向，在全诗中起到统领的作用。

第 2 节，理想有时代性，理想有层次性。

第 3 节，人类一代又一代的理想，推动了历史的发展。

第 4 节，理想使人明确方向。

第 5 节，理想给人力量。一是乐观，二是斗志，三是活力。

第 6 节，为崇高的社会理想而奋斗，就顾不得个人发财，也顾不得种种个人利益,他所获得的是为理想而奋斗的幸福感,理想实现后的喜悦,牺牲的是其他个人利益。

第 7 节,理想所追求的是社会的温饱、文明、安定、繁荣等等,而不是个人荣誉。

第 8 节,理想对人生的意义。

第 9 节,理想对人生的意义。

第 10 节,要把理想视为生命。

第 11 节,正反对比,突出理想对于人生的重要。

第 12 节,鼓舞人们树立理想,为理想而奋斗。

三、探究此诗脉络

第 1 节,总说理想是前进的方向,在全诗中起到统领的作用;

2、3 两节"理想的历史意义";

4、5、6、7 节"理想的人格意义";

8、9、10、11 节"理想的人生意义";

第 12 节,鼓舞人们树立理想,为理想而奋斗。

四、这首诗歌的主旨是什么?从哪可以看出来?

学生默读后小组讨论,回答,互相补充。要点:鼓励人们树立远大理想,并为之奋斗。

五、作业

注音每个 1 行,每行 5 遍,解词 1 遍。

六、板书设计

脉络:

总——第 1 节,总说理想是前进的方向,

分——2.3 两节"理想的历史意义";

4、5、6、7 节"理想的人格意义";

8、9、10、11 节"理想的人生意义";

总——第 12 节,鼓舞人们树立理想,为理想而奋斗。

第二课时

朗读、背诵。研讨与赏析诗歌的思想内容及形象化语言。

教学过程:

一、哪些词语最能表现文章的主题

同学自读课文,然后小组交流,代表回答。

不求一致,重点是赏析语言。

略。

二、语言运用

1. 语言运用并交流。(仿照第一诗节,写几句话)

教师示例:爱心是风,卷来浓密的云;爱心是云,化作及时的雨;

爱心是雨,滋润久旱的树;爱心是树,为你撑起绿阴。

2. 修辞训练。

这首诗运用了大量的比喻,贴切而又生动,使抽象的事理形象化。教师应指导学生深入体会,学习掌握,提高想象思维的能力和语言表达能力。

第 1 节四个比喻,喻意是什么?

不必孤立地体会每个比喻的喻意,从石到火,从火到灯,从灯到路,四个比喻是连环的,这在修辞手法上又叫"顶针"。前两个比喻为第三个比喻作铺垫,诗意主要在后两个比喻上。"黎明"指理想境界。漫漫黑夜里,理想指示了光明的方向,所以说"理想是灯,照亮夜行的路;理想是路,引你走到黎明",可见,这一节的意思主要是说,理想是前进的方向。联系实际,就很好懂。马克思主义传播到中国,中国的先进分子树立了社会主义共产主义理想,这个理想象灯一样,照亮了夜行的路;这个理想象路一样,引中国人民走到光明的新中国,引中国人民走向社会主义现代化。前两个比喻,从星星之火,到点燃熄灭的灯,说的是理想传播的过程,例如李大钊等人最早传播马克思主义时,共产主义理想在中国是星星之火;马克思主义在中国不断传播,成为中国共产党的指导思想,就犹如一盏明灯了。到达理想境界的征途是漫长的,一次次失望是折磨人的。理想的实现给人带来美好的新生。

修辞训练方法,由教师或同学指明一些事物,让大家打比方,进行修辞训练,看谁表达得形象生动。

3.教师应让学生自由论谈,教师给予必要的点拨,使学生确立正确的世界观、人生观和价值观。

三、质疑和交流

1.学生质疑,互相交流。教师积极引导,生生互动。
2.谈谈学习本课受到的启发。言之成理即可。
3.学生谈学习本课的收获。

四、教师小结

同学们,我们朗读、研讨和赏析了这首诗歌,掌握了诗歌的基本结构,理解了诗歌的主要内容,体会了诗歌的形象化语言,并深入地谈了学习体会。理想犹如航标灯,它指引着我们的人生之旅。愿大家从小树立崇高的理想,并为实现自己的理想而努力奋斗。我想,一个有理想的人,一定是一个精神生活很充实的人,也一定是一个很高尚的人。

五、作业

1.完成目标册。
2.写300字的随笔,谈谈自己如何看待理想。

六、板书设计

赏析语言:爱心是风,卷来浓密的云;爱心是云,化作及时的雨;

爱心是雨,滋润久旱的树;爱心是树,为你撑起绿阴。

打比方——形象生动。

七、教学反思

初一学生读这首诗,一方面要充分调动自己的人生体验,另一方面也需要联系一些典型事例,去领悟诗句的含义。在学习的过程中,要强调朗读的重要性,要多读,在多理解的基础上的有感情的朗读。

背 影

教学目标:

1. 体会本文抓住人物形象特征、选择最佳角度命题立意、组织材料的写作方法。

2. 学习本文记叙事实,不加任何修饰渲染的朴实自然的语言。

3. 体会本文表现的民族传统美德,父亲对儿子的一片深情。

教学设想:

这篇课文与上篇课文不同。《这不是一颗流星》反映的生活贴近学生实际,而本课反映的是旧社会家庭亲人的关系。前者是父亲心目中的儿子,后者则写的是儿子心目中的父亲,人物形象的悬殊,也构成了课文完全不同的内容。但作为记叙性文章,在写作方法上还是有很多共同点的,而思想感情上的家庭亲情,同样是一脉相承的。

教学本文,重点应放在特定环境下父子深情的特定表达方式,抓住文章命题立意的角度和文章线索来作为分析的突破口;还应抓住本文独特的写人记事的朴实自然的语言,从中体会字里行间所表达的思想感情。

本文可分两课时讲授。第一课时主要是划分段落层次,分析贯穿全文的线索,侧重完成第一个教学目的;第二课时则以重点语段、语句的体会为主要教学内容,侧重完成第二个教学目的。

第一课时

教学重点：

突出往事回忆的结构形式；用"背影"连接贯穿故事情节的艺术构思。

一、布置预习（可在课前进行）

①让学生认真阅读一遍课文。

②结合课后练习三、七体会课文。

本文分三部分，第二部分分三层，概括出它们的主要内容，并找出起、讫语句。

二、教师导语（先板书出课题）

《背影》是一篇著名的纪实性散文，也可以说是回忆性散文，同《这不是一颗流星》一样，属于记叙文。本文写于1925年，至今已六七十年，一直被广大读者所传诵，多少年来也一直被选入教材，哺育了几代人。对于这样的名篇，我们应认真阅读、学习。

本文作为一篇记叙文，与《这不是一颗流星》有很多相同点，如都是写家庭亲情，都是从生活中选取典型的、生动的材料、都是通过一定的情节线索来组织材料、通过场面和人物的描写来表现中心意思。在这些相同点中，又各有不同的表现方法，阅读时要善于在学习新课文的过程中，联系旧课文，比较鉴别，从中融会贯通，得到一些新的启发。

我们在阅读《这不是一颗流星》时，是从分析结构形式入手，弄清故事情节及表现形式。本课的学习也应该这样。

三、引导学生读准字音，解释词义

交卸（　）：卸，解除、除去。"交卸"，用于某种职务。"推卸"，用于某种责任。

奔丧（　）：丧，有关死人的事，名词。奔丧，在外地赶回办理尊亲丧事。丧，别读，丢掉，失去，动词。

踌躇（　）：犹豫不定。另，形容得意。

迂腐（　）：拘泥保守。迂腐，拘泥于旧的准则，迂，另意"迂回"，曲折、绕远。

蹒跚（　）：走路缓慢、摇摆的样子。

颓唐（　）：精神萎靡，意气消沉。

琐屑（　）：指细小繁杂的事。

晶莹（　）：光洁透明。

四、朗读课文

找学生朗读课文，最好分三个部分，找三个同学分别朗读，提出朗读要求。

五、引导学生划分段落层次，掌握结构形式

1. 本文如分成三个部分，应怎样分法？

教师引导学生找出三个部分的分界线，划出三个部分后，归纳大意，要求用同样的语式（字数、结构形式大体相同），训练概括能力。

"那年冬天"是现在与回忆的分界线。"这几年来"是回忆与现在的分界线。第一部分，首段；第二部分，首、末之间的段落；第三部分，末段。各部分的大意可以归纳如板书所示：

①开篇寄思

②往事回忆

③结尾怀念

此板书上的概括不是唯一的，概括方式可以多种多样，允许学生有自己的表述方式，此处千万不能约束学生发挥自己见解的能力及创造能力。当然，这种概括必须是正确的。这里有个严格的界限，也必须让学生了解并掌握。

如学生能用"背影"作线索概括，也应肯定：

①不忘背影

②描写背影

③思念背影

2.本文的第二部分是文章的主体部分,按照文章叙事的层次又可以分成几层意思呢?

教师引导、学生讨论、教师小结。

中间部分可分为三个层次:

第一层次:交代父子分别时的家境

第二层次:送行前父亲的细心关照

第三层次:送行时看到父亲的背影

还可以有别的概括,比如:中间部分可分为两个层次:

第一层次:交代家境

第二层次:浦口送别

在第二层次"浦口送别"中又可以分为三个小的层次:

第一,细心照顾

第二,车站买橘

第三,车门话别

3.在划分段落层次时,应从开始就告诉学生,文章本身的结构形成是固定的、是客观存在的。我们划分层次应力求符合作品本身固有的思路及其结构形式,但由于读者认识的差异、角度的不同、目的的不同,往往有不同的分法。这就是作具体分析。有的是这样分也可以,那样分也未尝不可;有的则是绝对不行。划分层次还是有原则的,不是可以任意划分的。学生进入中学开始,就有这样的认识,养成独立阅读和分析的习惯,比教师"一言堂"、只接受教师的现成结论的灌输性教学,不知要强多少倍,不必担心学生会有损失,也不必担心达不到教学目的。

六、引导学生弄清情节线索,体会取材角度

本文用什么把全文的故事情节连接起来并且贯穿起来? 是很容易找到的。这就是"背影"。

1. 作者是怎样用"背影"来贯穿并连接全文的？

教师提问、引导学生回答并随时归纳。

本文在几处写了"背影"？

本文在四处写到了"背影"。

这四处写"背影"各是在什么情况下，每次有什么不同的特点？

第一次在开头，不忘背影。

第二次在浦口送别时，望父买橘时的背影。

第三次在车门话别，望着背影消失在人群中。

第四次背影的出现，是怎样随着文章情节的推进而有不同的表现力的呢？或者说，文章对父亲的回忆是怎样以"背影"为线索连贯起来的呢？

可以做这样的理解，板书设计如下：

情节线索

开篇寄思——不忘背影

交代家境——烘托背影

望父买橘——刻画背影

车门话别——注望背影

结尾怀念——再现背影

2. 作者为什么选择"背影"这样的角度来命题立意，并用它组织材料、结构成文呢？

教师可引导学生作短暂的交谈、自由讨论，然后集中发言，教师择优肯定、适当补充。

作者所以选取"背影"这种特殊的角度来反映父亲的面貌，基于表现内容的需要，体现着高明的艺术构思：

（1）可以表现父亲在特定环境下的形象特点。作者家境衰落、父亲老境颓唐、心情忧郁，用"背影"来表现，最能体现人物的这种境遇与心境。

（2）可以给读者以自由想象的广阔天地。作者不正面描写父亲的面貌，而以"背影"出现，结合文章内容，读者可以展开自己的想象，使父亲衰颓的形象更具丰富的内涵。

（3）艺术视角的创新。作者不落俗套，不随人后，开拓了艺术表现的新领域，给人以生动、新颖的感受。

这三点对初一学生来说，认识上可能有一定差距，只要求能够一般的理解即可，重点在于提高认识，不要求掌握。故教师讲清楚，不必整理笔记。

七、与《这不是一颗流星》试作比较

引导学生比较本文与《这不是一颗流星》一文在结构形式、情节线索方面，在选取材料组织材料方面，以及写法上的相同之处。

《这不是一颗流星》的结构形式是：

"现实——回忆——现实"

《背影》的结构形式也是：

"现在——回忆——现在"

《这不是一颗流星》以熊皮手套为线索贯穿全文；《背影》则以背影为线索贯穿全文。

《这不是一颗流星》的主体部分选择病房这一场合表现主人公的活动；《背影》的主体部分则选择"车站送别"这一特定环境重点描写。

《这不是一颗流星》选取孩子关心阿婆冻伤的手这一主要情节来表现主题；《背影》则选取"浦口送别"这一主要情节表现父子深情。

布置作业：

1. 做课文练习一、四、五。

做练习一，将重点划在书上。熟读课文第6自然段，并学习重点分析。

可按照这样的顺序思考：①写了什么；②怎么写的；③好在哪里。将思考的结果写在练习本上，准备课上口头回答。

2. 做课后练习二。

这一题要认真思考，有明确的观点，简要整理成文字，准备在课上口头回答。

第二课时

教学要点:

朴实语言、平凡细节的深刻内涵;父子间的深挚感情。

教学步骤:

一、教师导语

上节课着重分析了课文的段落层次、情节线索,以及从"背影"这一新的视角命题立意选材组材的意义,并与《这不是一颗流星》作了对比。这节课要着重体会本文朴实自然的语言,体会作者怎样捕捉生活中的细节、平凡的细小事情来叙事抒情。

下面,沿着课文的顺序,挑出一些重点语句或语段,细细体会作者语言的特色,朴实无华的语言中如何饱含着深情。

二、引导学生体会重点语句

作者在文中三次写了流泪,每次写法各有什么不同,各自在什么情况下,表达了什么样的思想感情?

文中作者三次流泪,都是在三个部分的最紧要时刻。

第一次流泪是在交代家境衰败的情况下,见着父亲,面对家破人亡的景象,"不禁簌簌地流下眼泪"。这次掉泪表现出触境伤情的悲哀。这一次掉泪,引出父亲的在文中为数不多的重要话语:"事已如此,不必难过,好在天无绝人之路。"

父亲的这几句话,表达的感情是很丰富的,很深沉的。这里有父亲对儿子的体贴和劝慰,也流露了父亲在逆境中的淡淡的哀愁。同时,也可以看出父亲内心深处不甘受命运摆布、不怨天尤人的自我宽解、自求振作的复杂心情。

第二次流泪是在浦口送别时,作者眼看父亲跨过铁道蹒跚的背影,"我的泪很快地流下来了"。这次掉泪是情不自禁,为父亲的背影所感动。这一次掉泪,因为是在车站上,又是在临别之前,特定的情况决定了作者的举止,"我赶紧拭干了泪。怕他看见,也怕别人看见。"又是一次复杂的心态显示。怕父亲看见了要伤心,应是赶紧拭泪的主要原因;怕别人看见了不仅是怕自己显得不雅,而且也怕要给父亲带来难堪。

第三次流泪是在读到父亲来信中那种感伤之词时,出现了"晶莹的泪光"。这一次闪出"泪光",应是别父两年多的现在,即执笔为文的时候,想象两年多前离别时的情景,不禁黯然长叹。这种在"泪光"中再现"背影"时,戛然而止,与开头不忘背影相呼应,其震撼读者心灵的力量有如撞钟,余音不绝。

教师在讲授时,应随问随答,随写板书,语调中要能传达出语言本身的感染力量。

重点语句

第一次流泪

触景伤情的悲哀

父亲劝慰并自我宽解

第二次流泪

情不自禁的感伤

我赶紧拭干了泪

第三次流泪

怀念中的黯然神伤

思亲挚情绵绵无尽

三、引导学生体会重点语段

本文4、5、6段,特别是第6段的描写,是全文的核心段落,集中表现了作者"最不能忘记的"父亲的背影。我们应认真阅读、体会。

1.指定学生朗读4、5、6三个自然段。

4.5段主要是写父亲送别时的细心照顾,朗读时要求学生划出写父亲言行的语句。

6 段主要写作者眼中的父亲的形象和言行,朗读时要求学生划出重点语句。

2.引导学生分析4、5段。

4.5 段写父亲浦口送别时对儿子的处处关心,都是通过儿子的观察和感受来表现的,着重写了父亲的动作行为和语言。作者的叙述,毫不修饰,唯其朴实,始觉真切。表面看来,作者似乎是在那里向友人述说那次父亲送别的情景,事无巨细,原原本本;实际上,作者的述说却经过了精心的挑选,每一个细节都渗透了父亲年老颓唐、境遇不佳而对儿女却一片深情的特有表现。

首先是送不送,这就颇费踌躇。

不送

4 段:送不送 踌躇

送

作者很细致地叙述了父亲在送与不送上的犹豫不决。这一过程表面看好像是多余之笔,其实恰好极其生动自然地反映了父亲在老年光景惨淡力不从心的情况下,爱子的特殊心态。“说定不送”则“再三嘱咐茶房”;“终于不放心”,踌躇之后还是“决定自己送我去”;“我再三劝”也无济于事。“我”已经二十岁了,其实用不着送。正是在这种可以不送、应该不送而又终于送了的反复过程中显示了父亲对儿子关心的周到细致。

其次是怎么送。父亲年纪大了,本可一切让儿子自己去做。但他不,却事必躬亲。先是“照看行李”,后是“忙着讲价钱”,再是“嘱咐路上小心”“不要受凉”等,做这些看来对于一个成人儿子的多余的事,已经足以使人感受到爱子情切;而“我”之不放心,暗里笑他“迂”、事后又自责等一系列的叙述,就更反衬出父亲爱子之“执著”。作者两处责怪自己“那时真是太聪明了”,语言朴实真切,感人至深,写得也真是太高明了。

5 段:事必躬亲

“父”不放心

“我”之自责

3.引导学生分析第 6 段。

第6段集中描写了父亲爬过铁道买橘子的情景。这是全文的精华，点题的文眼，写出作者留在心灵深处的永记不忘的"背影"。这里，作者不惜笔墨，详细写了父亲的外貌特征（胖、穿戴黑帽褂）、动作特征（"蹒跚""慢""探身""手攀""上缩""努力"），极力勾绘出父亲行动艰难时的背影。正是这个"背影"，反映了父亲送子远行的困顿；也正是这个"背影"，激起了作者从未有过的感激、怜爱之情。

橘子买回来了，父亲"扑扑衣上的泥土，心里很轻松似的"，这一个简单的动作，淡淡的描写，却十分逼真地发掘出父亲完成自己的心愿后的某种心理上的满足。两句简单的言语，是经过作者精心挑选的，"我走了，到那边来信！"这正是一个父亲临别前重要的嘱咐；而走了几步又回头，叫儿子"进去吧，里边没人"，更显出老人关怀留恋之情。儿子望着父亲的"背影"，这时的感情已达到了最深的境界。

集中写背影

6段：临别前的嘱咐

教师随讲随问随答，按段落内部的层次来分析，力求使学生对原文的叙写有完整的印象和理解，要避免东摘一个词、西摘一句话，支离破碎地讲解，将文章迁就教师的知识系统，这是不可取的。

分析结束后，按照板书提示，让学生再读一遍第6段课文。由一人朗读、教师范读或大家默读均无不可，应视班级学习和纪律状况而定。

四、引导学生体会课文表达的思想感情

本文表达了什么样的思想感情？

教师可先让学生口头回答。前面梳理了文章的结构层次、情节线索和重点语句，处处都展现了人物的思想感情，学生应该是有体会的。现在的训练主要是语言的概括，不要求讲得太多，要求简洁、准确。

文章表达的思想感情是两方面的，一是父亲对儿子的一片深情。这种亲子之爱，不同于《这不是一颗流星》中母亲对儿子的爱，也不同于阿婆对孩子的爱，而是一种特定条件下的特有的爱心。这种亲子之情，带有那个时代特有的印记，带有那时父亲特有的境遇所赋予的情调，还带有年

老的父亲送子远行所特有的情绪。因此，这种感情，既有惨淡、哀伤的一画，又有关怀、体贴的一面，具有相当复杂的内涵，不能作简单理解。

教师检查课后练习二，指定学生作答，大家可以讨论，各抒己见。

教师归结时把握这样两点：

1. 文中的确流露了"淡淡的哀愁"，这种情绪要作具体的、历史的分析。

2. 文中思想感情的基调是父子情深，是惜别之情。作者在文中表现的父亲的感情，哀愁不是主要的，主要的是应在逆境中镇定、宁静的深沉心情。

课文中的另一种思想感情，是儿子对父亲的怀念、怜惜和感伤之情。正是儿子的这种复杂的感情，才衬托了父亲的那种复杂心情。这两种感情在文中是互相依存、互相映衬的。

思想感情时代的印记

父亲的亲子之爱家庭的印记

个人境遇的印记

惨淡、哀伤

关怀、体贴

儿子的思父之情

怀念、理解

怜惜、感伤

布置作业：

1. 完成课后练习二、三写成简短文字，可以列条说明，务必观点明确、层次清楚。

2. 抄写第 6 段部分语句。

从"我看那边月台的栅栏外"到"我的泪很快流下来了"。

从"我再向外看时"到"心里很轻松似的"。

春

教学目标：

　　1.提高朗读能力：在朗读中感悟文章的音乐美、图画美、情感美。

　　2.培养品读能力：初步感知全文。

教学重点与难点：

　　1.教学重点：朗读和品读。

　　2.教学难点：品读能力的培养。

教学设想：

　　1.进一步提高学生的朗读水平。

　　2.培养学生的语感。

　　3.通过朗读和品读方法的传授，提高学生的自学能力。

教学过程：

环节1：导入新课

　　春天作为四季之首，一定或多或少给同学们留下了很深的印象，哪位同学给大家说说自己心中的春天？（可以用词语，或句子）

　　那么你们喜欢春天吗？

　　历代文人墨客也有不少人喜欢春天，他们用诗歌的形式写下了许多他们心中的春天。（出示小黑板）

　　好雨知时节，当春乃发生。随风潜入夜，润物细无声。——杜甫《春夜喜雨》

　　天街小雨润如酥，草色遥看近却无。——韩愈《初春小雨》

　　春色满园关不住，一只红杏出墙来——叶绍翁《游园不值》

千里莺啼绿映红,水村山郭酒旗风——杜牧《江南春》

上面这几些诗句都是只写了春的某一个方面。今天我们学习的这篇散文既写了春草,也写了春花、春雨等,现在我们就一起来学习它。

作者介绍

今天我们要学习的课文《春》,作者朱自清。早上我们已经预习过课文了,现在我请同学说说朱自清是一个怎样的人。

(我国著名诗人、散文家、学者、民主战士。)

环节2:疏通文字

(1)掌握课文中的生字词。

水涨(zhǎng)　捉迷藏(cáng)　酝酿(yùn niàng)　应和(hè)　笼(lǒng)着一层薄(bó)烟　黄晕(yùn)　蓑(suō)衣　巢(cháo)

(2)齐读课文。

齐读课文后,让学生自由发言,谈谈作者笔下的春天是一个怎样的春天。(清新、欢快、活泼;作者对春的渴望、赞美等。鼓励有创意的感悟)

环节3:朗读练习

美读课文:引导学生读出文章的音乐美、图画美、情感美。

(1)学生讨论发言:指出全班齐读课文的不足。

节奏感不强(忽视了句与句、段与段之间的停顿)

缺少抑扬顿挫(没有读出轻重的变化)

感情不够充沛(没有读出作者盼春、赞春的感情)

(2)以第一自然段和最后三个自然段为例,讨论如何朗读。

例1:盼望着,盼望着,东风/来了,春天的脚步/近了。

学生讨论结果:节奏舒缓,语气轻柔。

通过重读"盼望""来""近"几个词,表达出作者渴望春天的急切心情和因春天悄然而至的无比喜悦。

例2:春天/像刚落地的娃娃,从头到脚都是新的,它/生长着。

春天/像小姑娘,花枝招展的,笑着,走着。

春天/像健壮的青年,有铁一般的胳膊和腰脚,领着我们/上前去。

学生讨论结果:这三段要分别读出新、美、壮的感觉,语气逐段加强。

最后三个字"上前去"要语调上扬,语气顿挫而有力。三段都要读出作者对春天由衷的喜爱与赞美之情。(这些朗读的要点尽量让学生总结出来,而不是强加给他们。其间以朗读为主,边读边悟。通过这个环节,学生便可感悟到文章的音乐美和情感美。)

(3)比较朗读

"鸟儿将巢安在繁花嫩叶当中,高兴起来了,呼朋引伴地卖弄清脆的喉咙,唱出婉转的曲子,跟轻风流水应和着。牛背上牧童的短笛,这时候也成天嘹亮地响着。"

语调上扬,节奏明快,欢快。

"傍晚时候,上灯了,一点点黄晕的光,烘托出一安静而和平的夜。在乡下,小路上,石桥边,有撑起伞慢慢走着的人,地里还有工作的农民,披着衣戴着笠。他们的房屋,稀稀疏疏的,在雨里静默着。"

节奏舒缓,语气轻柔。

(4)结合刚才老师讲的方法,有感情地读课文。

(5)请同学示范朗读。

环节4:初步感知

(1)刚才我们读了课文,现在请哪位同学给我们说说课文通过哪些景物写春天?

山——朗润

水——涨起来

太阳——脸红起来了

小草——嫩嫩的,绿绿的。

花——红的像火,粉的像霞,白的像雪。

春风——像母亲的手抚摸着你。

鸟儿——呼朋引伴地卖弄清脆的喉咙。

牛背上牧童的短笛——成天嘹亮地响着

春雨——像牛毛,像花针,像细丝,密密地斜织着。

小路、石桥、工作的农民、房屋、天上的风筝等。

(2)现在请同学们闭上眼睛,让老师所说的景物在自己脑海里构成一幅图画。

　　（3）现在请大家把自己脑海中的这幅图画出来。

　　（4）挑选几位同学的画。让他们讲解讲解自己的画。

　　环节5：小结全文

　　《春》被誉为是一首抒情诗，一幅风景画，一支春的赞歌，让我们在朱自清的感召下，踏着春的足迹，一起辛勤劳作、奋发向前，走好人生春天的每一步。

第二章

说课

湖心亭看雪

教材分析：

一、教材所处的地位及作用

本教材为人民教育出版社出版的八年级上册的《语文》课本，这是根据教育部制定的《全日制义务教育语文课程标准》（实验稿）编写的。这套教材体现了语文课程的整体性和阶段性。

二、课文所处的位置及作用

《湖心亭看雪》位于八年级上册的第六单元，第六单元全是古代诗文，都是描绘自然山水的优秀诗文。阅读这类诗文，可以激发灵性、陶冶情操、丰富文化积累。

三、教学目标

1. 知识与能力目标
（1）解作者和写作背景
（2）把握文章运用的白描手法
2. 过程和方法目标
（1）了解雪后西湖的奇景和游湖人的雅趣
（2）赏析课文融叙事、写景、抒情于一炉的写作特色
3. 情感态度和价值观目标
本文展示了作者遗世独立的高洁情怀和不随流俗的生活态度，但又流露出消极避世的情绪，应引导学生批判地对待、历史地分析。

四、教学重难点

俄罗斯作家契诃夫在谈创作体会时说过这样一句话："简洁是才力的

姊妹,写得有才华就是写得短。"这篇《湖心亭看雪》就是最好的证明。全文不过一百六十多个字,却把湖心亭的夜间雪景写得气象浑茫、恍惚迷离,把作者拥毳围炉、深夜观雪的孤高性格和落寞情怀显现得栩栩如生,所以我把了解雪后西湖的奇景和作者游湖的雅趣定为这篇文章的重难点。

教学方法:

(1)朗读法《语文课程标准》(实验稿)中要求:"指导学生正确地理解和运用祖国语文,丰富语言的积累,培养语感,发展思维。"所以朗读是必不可少的。

(2)赏析法《语文课程标准》(实验稿)中要求:"诵读古代诗词,有意识地在积累、感悟和运用中,提高自己的欣赏品位和审美情趣""欣赏文学作品,能有自己的情感体验,初步领悟作品的内涵,从中获得对自然、社会、人生的有益启示",所以带领学生赏析文章是本堂课的重要方法。

教学手段

使用多媒体教学辅助手段,使课堂讲解显得思路清晰、提示到位,起到事半功倍的作用。

教学程序

一、检查预习

在这一环节中,先检查学生搜集到的关于西湖的诗词,然后进入"西湖的名诗大拼盘",大家共读描绘西湖名诗句。在"字词障碍一扫清"这一环节里,检查学生字词的预习情况。最后"齐心合力疏文意",完成检查任务。

二、课文赏析

首先请学生自定学习目标,读课前预习提示之后,大家把这一课的目标定为"了解雪后西湖的奇景和作者游湖的雅趣"。这一部分有三个环节组成"叙事初探张岱情、西湖冬景雪亦奇、共赏奇景品雅趣"。

　　在"叙事初探张岱情"中,我先让同学们归纳了一下本文的记叙要素,从整体来感知课文,然后我提了两个问题,1. 作者晚年写《陶庵梦忆》,明朝已亡,纪年却仍用"崇祯",表现了作者怎样的情怀? 2. 本文的题目是《湖心亭看雪》,而本文为什么却用近一半的篇幅写人? 第一个问题其实是在暗示我们在张岱的心中明朝始终是没有灭亡的,这在很大程度上影响着他为什么要在"大雪三日,湖中人鸟声俱绝"后的"更定"时分独自一人去赏雪,他的那种落寞与孤寂无不与此有关。第二个问题其实是在暗示我们本文的题目虽为"看雪",但是实际上作者不单纯是在写景,更是为了抒发一种情。

　　接着我们进入了下一个环节:西湖冬景雪亦奇。在这里我说了这样一段话:有人说,没有见过西湖冬景的人,只要读了张岱的《湖心亭看雪》,就足够了。那么张岱为我们描绘了怎样一幅奇景呢? 请同学们找出文中写景的句子。然后明确,共有三句:1. 大雪三日,湖中人鸟声俱绝。2. 雾凇沆砀,天与云和山与水,上下一白。3. 湖上影子,惟长堤一痕,湖心亭一点,与余舟一芥,湖中人两三粒而已。然后我们对这三句话进行赏析。针对第一句话,我提了一个问题:你认为这句话中哪个字写得最传神,为什么? 学生们很快便达成了统一意见,就是"绝",然后我进一步提示学生:是什么"绝"了呢? 学生回答:是人和鸟的声音。于是我便趁势带领学生回忆了谢道韫在《咏雪》中的名句"未若柳絮因风起"以及岑参在《白雪歌送武判官归京》中的名句"忽如一夜春风来,千树万树梨花开",并且指出它们都是从视觉来写雪,而张岱却从听觉上着眼,写出了大雪后一片静寂,湖山封冻,人鸟都瑟缩着不敢外出,寒噤得不敢作声的森然寒意。这对于很少下雪的杭州,对于很少见到大雪的张岱而言,难道不是一番奇景吗? 对于第二个句子,我带领学生分析了"雾凇沆砀"的景致,这句把大雪盖地的静穆与水气,湖面上雪花水气茫宕一片生动地表现了出来。另外作者连用三个"与"字,把天空、云层、湖水之间浑茫莫辨的壮阔雪景进行了总体描绘。第三句我带领学生分析了本句量词使用的特点,让人觉察出小船正在夜色中缓缓前进,空间正在不断地位移,这样既创造出一种梦幻般的朦胧意境,又使人感到在这个混沌一片的冰雪世界中,人只不过渺如一粟。分析完之后,我总结说:我们大家会发现在这样一个时刻,天地之间一片白茫茫,作者所乘的小船在缓缓行进,船桨划过水面,发出哗哗的响声,一切都是那么静谧,极目望去,茫茫雪景中隐隐露出长堤的一道痕迹、湖心亭的一点轮廓,好像淡妆的西子在向我们悄然走来,这对于看惯了平日里西湖车水马龙、游人如织的张岱而言,不就是一番奇景吗?恍惚中,作者觉得自己好像已经到了湖心亭上,想想自己刚才坐的那一叶小小的扁舟以及舟中那如豆粒般大小的人影,真是觉得天地是那样的广大,而人又是那样的渺小。面对着这样的奇景,怎能不让张岱思绪万千!王国维说:一切景语皆情语,下面就让我们"共赏奇景品雅趣"。

在"共赏奇景品雅趣"中,我让学生自己去找表现作者情趣的词有哪些,经讨论明确,分别是"独""喜"和"痴"。在夜深人静、寒气倍增的时刻,作者宁可披着皮袍带着炉火也要一人独往,不愿看见人,也不愿被人看见,这在常人的眼中当然是一种痴举,但这个"痴"字包含了多少避世的幽愤和孤傲的情怀啊!岂料此时此刻却有两人铺毡对坐,"喜"字写出了作者的惊喜,但作者并不说自己大喜,反写二客"见余大喜",实为作者自己的心声。经讨论,我们认为作者在这里表现的是一种"孤高自赏""落寞孤傲"的情怀。

课文赏析完了,我做了这样一个小结:一篇短小的小品文,为我们描绘了一个像梦一样的冰雪世界。在这里,有神奇的景、有高雅的情,记叙、写景和抒情水乳交融、浑化无迹,体现了作者高超的写作艺术。大家也许发现,我在大屏幕上打上了四个字——走进张岱。大家也许觉得张岱很神秘,其实不然,想想你自己,也许就曾经在如泼的大雨中漫步,任雨水把自己浇个透湿也毫不在乎;也许就曾经把自己关进小屋里,独自一人去感受那流淌在心底的音乐;也许就曾经长久地抬头仰望星空,不为别的,只为感受那份寂静。在那一刻,甩甩头,让所有的烦恼都随风飘散;在那一刻,你也许想到了"世人皆醉我独醒,世人皆浊我独清"。所以,当我们品读张岱的《湖心亭看雪》的时候,我们会发现,张岱离我们并不遥远,他在穿越时空的隧道,和我们的心灵进行对话,让我们一同去感受那份孤独、一同去感受那份静谧。

小结完之后,在深沉而有些悲怆的音乐声中,我有感情地朗读了这篇文章,使课堂气氛达到了高潮。

三、巩固拓展

这里安排了三个环节"体味白描、比较辨析、品读课文",白描的手法通过《清明》这首诗再一次得到了体现;在和柳宗元《江雪》的比较辨析中,学生的思维也得到了拓展。最后,全体学生和老师在音乐声中齐读《湖心亭看雪》,使课堂气氛再一次达到高潮,结束了这堂教学。

老　王

教材分析:

本单元课文都是叙事性作品,写的都是普通人,以"爱"为主题,几篇课文都在诉说对普通人,尤其是对弱者的关爱。本单元阅读教学,要求感受课文所表现的形形色色的"爱",从而陶冶自己的情操,去关注身边的人。杨绛的《老王》,写自己与车夫的交往,写车夫艰难困苦的生活和善良厚道的品格,含蓄地提出了关怀不幸者的社会问题。

教学目标:

新课标中重点提出,要让学生"关注人类,关注身边的人""提高学生阅读能力的同时,提升学生的情感态度价值观",根据以上两方面的要求,结合本课的内容和特点我这样确立这堂课的三维教学目标:

(1)知识和能力目标:能在快速阅读课文过程中,抓住主要信息,概括内容要点,在听与说双方互动过程中,增强知识点的删选能力,使学生的口语交际能力得到锻炼,思想认识得到提高。

(2)深入探究:全面把握课文,领会作者与主人公的思想感情。

(3)情感态度:关爱生活中的不幸者,陶冶美的情操。

教学重点难点：

领会作者与人物的思想感情，联系身边的人，关注、关爱他人。

课时安排：

一课时。

教法分析：

学生情况分析，我们的学生是山区学生，语文基础较差，尤其体现于学法方面、语言表达能力和理解能力方面。根据我们学生情况、本课文的特点，按照初中生的认识规律，遵循"教师为主导，学生为主体，训练为主线"的指导思想，为实现本课的教学目标，突出重点，突破难点，我决定采用以下教法：

1. 以语言品味为主，采用启发点拨法，来完成本课教学；

2. 设计带有针对性、启发性的问题，诱导学生思考，通过语言的体会，解决本文重点；

3. 同时采用朗读、讨论、质疑、练习等方式使学生动脑动手，为增大课堂教学的容量，提高效率，采用多媒体。

学法分析：

教与学是相长的，为了教师更好地教，学生更好地学，根据我校学生的情况，素质教育的要求，在学法方面我采用"导——思——点拨——练"的过程，让学生自主参与知识的发生、发展、形成过程，在这过程中对学生进行以下指导：引导学生注意紧绕所设计的问题，扣住文中的关键语句，结合当时的时代背景，联系自身的生活，来体会理解文中的感情，指导学生注意体会文中语言特点，加以积累、运用，加强语言基础，指导学生把这种写法运用到具体写作中去，提高语文水平。

过程设计：

1. 进场导入：苏芮的《奉献》——长路奉献给远方，玫瑰奉献给爱情，我拿什么奉献给你,我的爱人。白云奉献给草场,江河奉献给海洋,我拿什么奉献给你,我的朋友。

(设计说明:使学生一进教室,便能进入音乐所营造的气氛中,为进入主题作铺垫)

2.教学导入:以 2005 年度超级女声的冠军相关情况入手。

3.教师结语:生活中人们总是对名人的一言一行非常关注,但生活中更多的是普通人,你是否也曾关注过身边的普通人？我国著名作家、文学家杨绛曾经关注过一个车夫,为他写下了散文《老王》。

(设计说明:以一组反差相当大的图片进行对比导入课堂教学,建起学生学习课文的情感基础,激发学生对课文、人物的兴趣,调动学生的思维,让他们快速进入教师设置的情景中来,为下面的教学打好情感基础。)

环节一:"走近老王":面对陌生的老王,我们有那么多的揣测和关切,现在我们就循着杨绛的笔墨,一起走近老王,解开心中的谜团。

(设计说明:遵循阅读规律,充分尊重学生的自主阅读的体验,以学生阅读心理为切口,激活阅读思维,引导学生整体感知课文,又训练学生筛选信息思维能力。)

环节二"评说老王":讨论老王的品质,说说老王在你的心目中留下了怎样的印象。请用"老王是一个 ＿＿＿ 的人,表现在 ＿＿＿。"的形式表达出来。并说说"我们"一家人是怎么做的。

(设计说明:在感受文章之后,引导学生概括老王品质,寻找文本依据,理解老王的善良、朴实,引导学生从文章局部进行自主阅读,进一步深入文本,在提高学生对内容要点概括能力、语言感受能力的同时,强化他们的情感体验,体现教学重点。)

环节三:"怀念老王":善良老实的具有金子般心灵的老王就这么去了,在他生前经常关注他的杨绛有什么样的感受？她为什么能这样想？

(设计说明:进一步理会作者隐含在内的深沉的感情,也一进陶冶自己的情操。)

环节四:"关注老王":我们身边也有许多像"老王"一样遭遇的人,他们的生活是怎么样的,别人是怎么看待他们的？在今后的日子里,你将会怎么去对待那些不幸的人？(以一组新时代老王的照片为参考依据)

（设计说明："读书是为了明理"，学习一篇课文，要让学生在态度、情感、价值观上有所增益，能够更好地关心身边的弱者，关注生活，关注人生，净化思想。由书本向现实生活的思维拓展，是使学生加深对课文理解的途径，也是书本学习的目的。语文学习的外延和生活的外延是相等的，本环节把课本和生活有机的结合在一起，同时锻炼学生的表达能力。）

环节五：拓展延伸：造句：假如我是一团火，就为他人____；

假如我是一朵花，就为他人____；

假如我是一颗星，就为他人____；

假如我是一片云；

假如我是一棵树；

假如我是一泓清泉；

（设计说明：通过造句的形式，把感情进一步深化，并拓展，同时也进一步提升、净化学生的感情）

结语：

人与人之间的关系应该是平等的。个人由于境遇不同，就有幸运与不幸运的差别，甚至差别很大。一个幸运者只有关爱不幸者的责任，没有歧视不幸者的理由。现在，社会要求我们每个人有人道主义精神，要关心别人、尊重别人对社会作出的贡献，杨绛一家对不幸者老王怀有一颗爱心，是具有人道主义精神的人。

以《爱的奉献》结束，让学生一起高唱，让学生的情感得到进一步的升华。

鲁提辖拳打镇关西

教材目标：

1.本课教材的地位和作用。

《鲁提辖拳打镇关西》是浙教版初二册第四单元第二篇讲读课文，是学生进入初中阶段初次接触的小说阅读。新《语文课程标准》认为,欣赏文学作品,能有自己的情感体验……对作品的思想感情倾向,能联系文化背景作出自己的评价。依据此标准,通过本课教材的学习,应教会学生体会小说描写中刻画人物的方法;在本单元中,本课教材应完成的目标是:使学生了解小说中外貌描写和行动描写的特点和作用,提高阅读、欣赏小说的能力;同时,学习这两种描写方法,训练记述人物的能力。针对以上分析,设计了本节课的教学目标。

2. 教学目标。

①了解《水浒》的时代背景和作者。

②理解两种描写方法对表现小说人物的性格特点的作用。

3. 教学重点、难点。

①本课教材后半部分(10~21段)是重点。

②鲁达三拳打死镇关西这部分是难点。

教法阐释:

新《语文课程标准》中强调,语文课程应考虑汉语言文字的特点对识字写字、阅读、写作、口语交际和学生思维发展等方面的影响,在教学中尤其要重视培养良好的语感和整体把握能力。根据本课教材篇幅长、难度大的特点需指导学生进行预习。按照小说特点(三个要素:人物、故事情节、环境),简要复述故事情节,尤其是对课文前半部分(1~9段)在检查时要详于"前因",将前半部分的内容理清;略于"后果",因后半部分还要深入学习。

处理好教学的重点与难点。小说中的难点,教师需要做适当的讲述;重点部分,易于理解,侧重引导学生思考,以学生分析为主;小说中既是重点又是难点的部分,教师应把启发与讲述结合起来,引导学生深入体会。

学法指导:

教学活动中,教师的"教"和学生的"学"历来是一对矛盾体。教师的"教"是为了学生的"学",是为了以后的不教,是让学生掌握学习的方法。根据新《语文课程标准》,语文课程必须根据学生身心发展和语文学习的特点,关注学生的个体差异和不同的学习需求,爱护学生的好奇心、求知欲,充分激发学生的主动意识和进取精神,倡导自主、合作、探究的学习方式。本课教材的特点,重要的是通过分析人物的行动,培养学生筛选重要信息、归纳思维的能力。通过体现学生认知主体的作用,增加学生的参与机会,增强参与意识,教给学生获取知识的途径和思考问题的方法,使学生真正成为学习的主人。教学内容的确定,教学方法的选择,评价方式的设计,都应有助于这种学习方式的形成。

教学程序:

1.导入新课。

播放电视连续剧《水浒传》主题歌。

同学们对这首歌都非常熟悉,那么你们知道这部连续剧是取材于我国的哪部古典名著吗?(明确:《水浒》)教师板书《水浒》。请同学介绍这部名著。(明确:是我国古代第一部描写农民革命斗争的著名章回体小说)《水浒》这部著作塑造了许多栩栩如生的人物形象,你们最喜欢哪个人物?(林冲、武松、鲁智深)顺势导入鲁智深。你们都知道关于花和尚鲁智深的哪些英雄故事?(拳打镇关西、大闹五台山、倒拔垂杨柳、大闹野猪林)顺势导入,我们一起来学习其中的一段故事:鲁提辖拳打镇关西。(板书:鲁提辖拳打镇关西)

(设计意图:通过同学们熟悉的《水浒传》主题歌,顺势引入《水浒》,并介绍;另外,触击学生的敏感点,通过学生讲述梁山好汉的英雄故事,感受梁山英雄的侠义精神,再顺势导入教材。)

2.整体感知课文。

根据课前预习,会按照故事的起因、发展、高潮、结局复述故事情节。

(设计意图:扫清语言障碍,把握全文脉络线索和基本内容,理清作品结构,初步了解作者的意图。)

3.对教材深入分析。

问题一:鲁达见到郑屠后,是不是上去就是三拳? 为了拳打镇关西,鲁达是怎样"消遣"郑屠的?

问题二:鲁达"消遣"郑屠的目的何在? 这表现了鲁达具有怎样的鲜

明性格？

（设计意图：这部分是重点，但学生可以通过阅读、思考后，独立解决问题，所以，只需设计几个恰当的问题便可以解决这部分重点内容的。）

问题三：本文描写鲁达的方法，突出的是行动描写，对其行动的描写，又集中在"三拳"的描写上，请同学画出精彩语句，分析三拳的描写角度是否一致？这样描写有何好处？

问题四："疾恶如仇"是否是鲁达性格的全部？

问题五：文章对反面人物的描写也很生动，试分析郑屠的人物性格。

（设计意图：人物的性格通常是由行动来表现的，所以重在分析"三拳"，归结出人物性格。问题四、五的设计是为了让学生能够比较全面地分析问题。）

问题六：鲁达为什么不把郑屠扭送到衙门里，交给官府去处理？

（设计意图：感受封建社会的黑暗，并叫学生懂得在我们的法制社会，政府是为民做主的政府，适时进行法制观念的教育。）

教后感想：

课上，有学生问我，所谓的梁山好汉，大都是"杀人放火"之徒，又怎么能称之为英雄呢？的确如此，现今的学生都生活在法制昌明的社会，自然体会不到封建社会的黑暗，所以，才有了问题六的设计。本课的教学设计力求探索体现学生认知主体作用的教学模式，我们的教育者经常说：授人以鱼不如授人以渔，但作为教师，我们不仅要问自己，只是培养学生的能力就足够了吗？事实上，学生的能力的培养还是需要一个锻炼的舞台，所以，授人以渔还要授人以渔场。

沁园春·雪

说教材：

1. 教材在本单元所处的位置及单元教学目标。

《沁园春·雪》编排在人教版初中语文第五册第六单元，是教读课文，居单元之首。这个单元还有以送别为题材的古代歌行体抒情诗《白雪歌送武判官归京》，具有强烈时代精神的当代诗歌《恩总理，你在哪里》和《青纱账——甘蔗林》，还有充满革命激情的外国散文诗《海燕》。

本单元主要教学目标是：培养学生阅读和欣赏诗歌的能力，能领略诗情画意，感受其意境美；反复吟诵，联想品味，既提高欣赏能力，也感受诗人抒发的强烈情感，从中受到思想教育。

2. 教材的教学目标和重点难点的确立。

根据义务教育初中语文教学大纲要求培养学生"具有一定语言感受能力""初步具有欣赏文学作品的能力"，结合本单元教学目标和教材自身特点，我把本课教学目标定为：

①引导学生欣赏词大气磅礴、旷达豪迈的意境，培养学生阅读鉴赏诗歌的能力；

②引导学生品味词的准确，精练的语言魅力，发展学生的形象思维能力；

③引导学生领会词中赞美祖国壮丽河山和无产阶级革命英雄主义的感情。

前两点侧重能力目标，后一点侧重德育目标。这是符合美国著名心理学家布鲁姆等人关于教学目标分类六级认知理论的。词的下阕第三层是全词点睛之笔，表现全词主旨，因而定为教学重点；词上阕写景是下阕评古颂今的基础，起铺垫作用，下阕评古是为了颂今——这是作者立意之所在，对初中学生来说，在理解上有一定难度，定为教学难点。

说教法：

　　本课主要使用诵读法、提问法和练习法。

　　诵读法："三分诗七分读"，从教学过程来看，教学中将朗读教学贯彻到课堂始终，初读全词——听读全词——导读全词，最后分组诵读；从方式上看，播放录音，引导学生按要求听读，帮助学生深入体会课文的情感意蕴，到交替运用轮读、听读、个读、齐读和散读等多种方式，引导学生真正学会读书，读出词味，欣赏、领悟词的优美语言和优美意境，藉此落实教学目的。

　　为了在课堂教学中训练学生的形象思维能力，我在寻思上多下工夫。根据认识原理，设计并尝试了"连环——顶针"提问教学法，四组提问"切入""顺承""深化""引申"，力求一气呵成，分别解决词的上阕、下阕、教学重点和难点，且四组提问所设有 18 个小问题，"成语接龙"似的一个衔着一个，形成一种"追问"，把全篇课文讲析内容全部带了出来，希望以此加深学生对课文理解，达到发展学生形象思维的目的——这是提问法。

　　控制论告诉我们，"要实现有效控制就必须""要有反馈"，而且反馈越及时越好。因此我设计 2 个反馈检测题，运用练习教学法及时反馈课堂教学效果——这是练习法。

　　本课采用了《沁园春·雪》朗读磁带 1 件，用于听读训练，直接服务于诵读法；使用《我爱你，塞北的雪》VCD 片导入新课，形象生动；《沁园春·雪》VCD 片和课文插图《江山如此多娇》的运用，为培养学生形象思维，提供了保证。投影仪和打印资料的运用，增强教学直观性，增大课堂容量，提高教学效率。

说学法：

　　在当今信息时代，现代教育所面临的最严峻的挑战已不是如何使受教育者学到知识，而是如何使他们学会学习。正如埃德加·富尔所说："未来的文盲，不再是不识字的人，而是没有学会怎样学习的人。"叶老也说："凡为教者必期于达到不教。"因此，加强对学生的学法指导尤为重要。

这节课在教学中将朗读训练贯彻到课堂始终,引导学生在朗读、析读、讲读的过程中感受这首词音美、形美、意美的同时,也教会学生学习诗词的重要方法——诵读法。

整个教学过程中,我重视让学生积极参与和互相学习。为此,安排大量的学生动脑、动口、动手的活动。根据系统论"整体大于部分之和"的原理,采用五人讨论小组讨论活动,把全班分为十三大组,确定发言代表,调动各层次学生积极性,收到了较好效果。

此外,注意学生学习习惯的养成教育。如课前确立预习步骤,提供预习方法,已形成常规;提倡"不动笔墨不读书",让学生养成圈点勾画的读书习惯。

说教学程序:

第一步,导入新课在投影仪上播放 VCD 片《我爱你,塞北的雪》片断。由"滋润着春天的麦苗,迎春花叶"的北方柔美深情的雪,过渡到北方豪迈的雪。这样导入从视听上吸引学生,营造氛围,开启学生形象思维。板书课题。

第二步,简介背景展示词人创作的历史背景,引导学生了解毛泽东在特定历史时期担负的历史使命,有助于学生理解词的内容,理解词的主旨。

第三步,初读全词在解题之后,指名学生轮读上下阕,全班听读,检查学生课前自读情况。针对学生易错字音,借助投影仪进行正音教学,在此基础上引导学生用齐读形式品味词的语音之美,初步感知教材。

第四步,听读全词要求学生闭眼听读,联想优美画面,初步感受词的形象之美,训练学生形象思维能力。

第五步,导读全词先让学生以五人讨论小组为单位,讨论屏幕上用投影仪投出的四大问题:

1. 词的上阕描绘了一幅什么样的图画?

2. 下阕作者是怎样评论古代帝王的?

3. 请找出主旨句,你怎样理解运用这句话?

4. 有人说词的上阕写景和下阕评古论今没有什么联系,你看呢?

学生经过 3 分钟小组讨论后,教师将早先设计好的四个大问题之下的 18 个形成顶针特色的"连环问"按序抛出,发挥教师主导作用,带着学生深深地进入课文。力求让学生在每一句课文理解中都绽放出思维的火花。这 18 个小问题是:

1. 词给我们描绘了一幅什么图画?(北国雪景图板书"景")

2. 作者欣赏北国雪景的立足点在什么地方?(千米高的塬上)

3. 登高就能怎样?(远眺),词的上阕有一个字能表达这个意思,这个字是哪个字?(望)。

4. 作者在高处望见了哪些具体的景物?(长城、大河、山脉、高原)

5. (讲析了"长城""大河"两句后)如果说长城、黄河两个名词本身就带有雄壮的气势,那么作者怎样赋予山脉、高原以奔放的气势?(使用比喻、拟人修辞,化静为动……)

6. 上述感受全是作者看到的吗?(不全是)其中带有很大的什么成分?(联想、想象)

7. 除此以外,作者还作了怎样的联想和想象?(在雪中想象雪后红日当空,白雪交映的壮丽景色)(插入学生诵读训练 1 分钟)

8. 词中哪一句话可概括上阕这个意境磅礴、气势雄伟的画图?(江山如此多娇)(用投影仪展示课本插图,板书"江山多娇")

9. 显然这是一个承上句,总括上阕,有没有启下句总起下阕?(引无数英雄竞折腰)

10. 这说明下阕由景到人,写了哪些英雄人物?(秦皇、汉武、唐宗、宋祖、成吉思汗五位)(板书"评古代帝王")

11. 说说你对他们的认识。(雄才大略,战功赫赫……)

12. 作者用哪一个字概括他对五位历史英雄的评价?(惜)(板书"惜")

13. (概括"惜"字用词讲究分寸的表达作用后)词中还有几个类似的作用的字,大家找找。(略、稍、只)

14. 作者这样评论古人,目的是什么?(评古为颂今)(板书"颂")

15. 歌颂今天的哪种人?(人民大众和无产阶级革命英雄)(板书"人民大众")

16.那么主旨句是哪句?(数风流人物,还看今朝)(板书"主旨")

17.你怎样理解这句话?(真正称得上能建功立业的英雄人物,还应看今天的人民大众)(插入学生诵读下阕1分钟)

18.词上阕写景下阕评古颂今,二者之间有什么关系?(前者是基础,正是由于"江山如此多娇"才会引无数英雄折腰,评古颂今就很自然)

这18个小题由易到难,由已知到未知,符合学生认知规律,有的起铺垫作用,有的起过渡作用,有的起引思作用,有的起活跃气氛作用,使学生"跳起来能摘到果子"。通过连环追问导读方式,学生对词的理解和认识大大加深了,本课教学重点、教学难点也基本突破了。怎样在此时趁热打铁,再给予重锤强化?

第六步,赏析全词播放《沁园春·雪》VCD片,旨在通过视听感官共同作用,调动学生形象思维积累,从主客观方面同时点燃学生形象思维的火点,使学生形象思维燃起熊熊烈火。

至此,课堂教学达于高潮,似可戛然而止。然而控制论告诉我们,要实现有效控制,就必须"要有反馈",而反馈越及时越好。我推出2道"反馈检测题"对课堂教学效果进行反馈。两道题围绕着教学目的设置8个选择支项,检查学生教学目标掌握情况。同时,考虑到初三学生面临升学考试,注意考查学生审题的能力,一题要求选出正确项,一题要求选择不正确的一项。

最后一步,作业布置要求学生展开联想、想象,用一段文字描绘诵读本词时脑中浮现北方雪景画面。这是用教学中以读促写,把发展学生形象思维能力和提高学生读写能力结合起来的一点做法。

以上我从四个方面阐述了这节课有关设想,不足之处敬请批评指正。

附件:

1.板书设计:

沁园春·雪

毛泽东

景:江山多娇(望)

评：古代帝王(惜)

颂：人民大众(主旨)

2.正音材料：

沁园春(qìn)　分外(fèn)

妖娆(ráo)　稍逊(xùn)

数风流人物(shǔ)　素裹(guǒ)

3.反馈材料：

(1)下面说法,正确的是(　)

①能概括上阕内容的句子是"看红装素裹,分外妖娆"。

②能概括全词内容的句子是"引无数英雄竞折腰"。

③"大河上下"的意思不是黄河的上面下面,而是黄河的上游下游。

④"须晴日,看红装素裹,分外妖娆"是说必须在天晴时,才能看到红日、白雪交相辉映的壮丽的景色。

(2)下面说法错误的是(　)

①"望"的内容是"长城内外……欲与天公试比高"。"惜"的人物是"秦皇汉武""唐宗宋祖""成吉思汗"。

②这首词上阕写北方雪景,赞美祖国大好河山;下阕评论历史人物,歌颂当代英雄。

③词的下阕论今是为了评古,而评古今人物又是为了写景。全词主要是表现作者的爱国热情。

④"山舞银蛇,原驰蜡象"一句综合了对偶、比喻、拟人的修辞方法,"舞""驰""银""蜡"写得有声有色,把群山、高原写活了。

苏州园林

说教材：

　　《苏州园林》是初中语文第四册第一单元的讲读课文，这是叶圣陶先生的一篇准确把握了事物特征的优美的说明文，原是为摄影集《苏州园林》写的序。

　　苏州园林闻名中外，林林总总，设计者与建筑者争奇斗巧，别出心裁，因此异彩纷呈，特色鲜明。而本文作者另辟蹊径，异中求同，牢牢把握住苏州园林的"图画美"这一特征，从总体上介绍，顺畅自然，通俗易懂，不仅展现了深厚纯熟的文字功力，更显示了不同凡响的思维水平。

　　教学大纲规定本册教学重点是培养说明能力，本单元的教学要求为抓住特征说明事物。本课的特点是抓住主要特征，按总分结构进行说明。心理学研究表明，初二年级是培养学生抽象逻辑思维能力的关键时期，而说明文所具有的科学性、条理性、逻辑性等特点，正适合培养学生的抽象逻辑思维能力，因此，本课在培养学生思维能力方面有着重要作用。

说教学目标：

　　新教材强调培养学生的语感和思维，养成学习语文的良好习惯；注重培养创造精神，提高文化品位和审美情趣。结合教材和学生实际，拟定教学目标为：

　　1.理解本文说明对象的特征及文章的总分结构，体会本文说明语言的多样性；

　　2.了解苏州园林的特点，陶冶审美情趣，并激发学生热爱祖国灿烂文化的感情。

说教学方法：

　　陶行知先生说过："好的先生不是教书，不是教学生，而是教学生学。"现代教育理论也认为,比传授现成知识更为重要的是激励学生学习兴趣和培养获取知识的能力。因此,教学中最重要的是研究如何调动学生学习语文的主动性、积极性,如何教给学生学习的方法。鉴于此,我决定在教学中首先与学生建立真挚、融洽的师生关系,营造宽松、和谐民主的课堂气氛;其次,本着启发式原则,通过多种具体的教学方法激发学生兴趣,突破教学重难点,以发挥教师的主导作用和学生的主体作用,教会学生学习。

1. 问答式教学法:它能充分发挥师生两方面的积极性,用此法可启发学生思维,培养学生分析问题、解决问题的能力和口头表达能力,激发其学习的主动性、积极性。

2. 讨论式教学法:由于问答法可能造成师生交往范围过窄,不利于调动广大学生的积极性,因此结合采用讨论法。这样信息交流量更大,使信息呈立体交叉方式传递,改变了传统教学以教师为中心的课堂结构,突出学生的主体地位,民主气氛更浓,有利于激励广大学生主动参与,培养学生评论与争辩的能力,激发创造性思维。

3. 情境教学法:一般在文学作品教学中常用,但我认为,本文的说明对象是具备审美条件的园林艺术,文章又是文笔优美的典范,完全可以运用情境教学法达成教学目标,并且情境教学法可以激发兴趣,促进学生知、情、意、行各方面的协调发展,所以说明文教学中也应恰当运用。具体采用多媒体课件(苏州园林的照片、故宫和西方园林的照片、重庆夜景录像)、投影仪等,尽量给学生以直观感受,刺激学生的多种感知觉器官,增强教学效果。因为心理学实验表明:形声并举同时刺激学生感官,可使其对信息的接受与记忆保持收到"1+1=3"的效果。

另外,教会学生相应的阅读方法,培养自学能力,体现学生的主体地位。

1. 朗读法:教会学生朗读,要求准确、流畅、传神,齐读要整齐。这是一种短时间内同时调动眼、口、耳、脑共同活动的阅读,有助于发展学生的思维和语言能力,并加深对课文的理解。

2. 速读法:这是一种眼脑直映、迅速获取有用信息的阅读方法,有利于广泛吸收知识,迅速开发信息资源,尤其适应快节奏、信息化的现代生活需要。具体教会学生用扫视法默读,提高阅读效率。

说教学程序:

本课安排两课时。第一课时主要教学程序如下(重点为把握事物特征,掌握总分结构。)

1.课前预习:

(1)扫清字词障碍,理清文章结构;

(2)搜集苏州园林的照片、图片,感知苏州园林的特点。

2.导入新课:

俗话说,上有天堂,下有苏杭。苏杭之美,山清水秀,人杰地灵。而苏杭美景之最,还在于园林艺术之美。江南园林甲天下,苏州园林甲江南。苏州园林,处处呈现诗情画意,充满人文思想,置身其中,足以陶冶性情,自得其乐。苏州有四大名园:拙政园、沧浪亭、狮子林和留园,都是园林中的精品极品,处处体现中国江南宅第园林的独有特点。(投影照片)今天,我们学习叶圣陶先生的《苏州园林》,看他笔下的苏州园林呈现出什么样的特征。

这样以情境教学法导入新课,生动有趣,又补充了与课文有关的具体情况,增强直观感受,能有效吸引学生注意力,便于进入理想的学习氛围。

3.分析理解:

这是突出重点的环节,用问答法、讨论法、情境教学法达到目标,并进行具体的学法指导。

(1)配乐范读一二段,要求听读时思考作者怎样介绍苏州园林特征的。

(2)学生齐读一二段,要求准确、流畅,感知课文内容。

(3)学法指导,扫视法:找中心词、句、段,抓文章起始句、收结句、起始段、结尾段;借助注释、提示、思考和练习迅速把握文章。带着明确的目标扫视课文,取己所需,省略其余。培养学生默读、速读的习惯,提高概括能力。

(4)提问:

A作者对苏州园林总的印象是什么?(引导理解第一段,抓住作者的评价——"标本")

B "标本"一词怎样理解？用这个词好在哪里？（引导体会苏州园林的地位、影响）

C 苏州园林一百多处，作者到过的不过十多处，就写出了本文，这是否会犯片面性的错误？（通过此问激发学生兴趣，并自然转入下一步骤。）

（5）解题、简介作者和文体，同时回答上一问题。（要点：作者去过有代表性的园林，深刻了解其特征；这是为摄影集写的序，苏州园林具体的风貌照片中都有。因此，作者才异中求同，在第一二段点出其总特点及其表现，下文即分别介绍。文章用了先总说后分说的结构，便于有条理地准确说明。）

这一步充分利用了学生注意力的分散期。教学心理学研究表明，新课导入后的 5~7 分钟，是学生注意力的稳定期，是教学的黄金阶段，但最优秀的学生也超不过 15 分钟，之后就是注意力的分散期。因此，我改变传统的课堂结构，将简介作者等情况放在重要的朗读、熟悉课文之后，使教学重点尽量放在黄金阶段完成，而在分散期就及时变换活动方式，用生动有趣的介绍使学生消除疲劳，以饱满的精力投入下一黄金阶段的学习。

（6）提问：

A 苏州园林很多，作者认为它们的主要特点是什么？（引导分析第二段，抓全文中心句："务必使游览者无论站在哪个点上，眼前总是一幅完美的图画。"投影板书"图画美"。）

B 作者从哪几个方面介绍苏州园林的主要特点呢？（抓住四个"讲究"，理解主要特点的具体表现。投影板书"布局美，配合美，映衬美，层次美。"）

C 第三、四、五、六段与第二段是什么关系？（引导理解总分结构。二段总说，三至六段分说，分别与第二段的四个"讲究"照应。）

（7）教师示范分析第三段：

A 学生齐读；

B 分析：用了比较说明，分说布局特点，（投影故宫、西方园林的照片，进行比较：对称与不对称）还用了比喻说明，以图案画与美术画的区别来说明苏州园林的布局讲究自然之趣,不对称。

(8)学生讨论分析四至六段。(与第三段一样是分说,并且是主要表现总特点的,所以三至六段均是详写。)

(9)提问:第七、八、九段写的什么内容?与全文中心有何关系?(引导理解这仍是分说,扣住"图画美"的总特点,说明苏州园林细部注意角落的图画美、门窗的图案美、园林的色彩美。投影板书。)

(10)学生讨论明确:七至九段是次要部分,略写。全文说明顺序为逻辑顺序。(总分、从主要到次要都是逻辑顺序。)

4.迁移练习:

(1)放《鸟瞰新重庆》录像的夜景部分,要求看后介绍重庆夜景的特点;

选择恰当的结构顺序。

(2)学生讨论,拟出写作提纲。

(3)我学生念提纲,教师评点、板书(附后)。

(4)要求课后完成作文,不少于400字。

5.教师利用板书总结:

突出苏州园林的主要特点及文章的结构特点,给学生留下鲜明的印象。这一步充分利用学生注意力的反弹期(下课前3~5分钟),体现教师主导作用。反弹期是巩固知识的最好时段,能使课堂所学知识在大脑中留下清晰印象,而这首次印象对知识的巩固和保持意义重大。

说板书:

学生一般学说明文感觉枯燥,兴趣不大。而本文文笔优美,苏州园林的特点又是图画美,因此课文板书打破惯例,设计为一把古色古香的扇子(见《优秀板书设计集》),用形式美吸引学生,提高兴趣。写作板书扣住了重庆夜景总特点,也突出了分说的两个方面,便于指导学生写作。

天上的街市

教材分析：

《天上的街市》是诗人郭沫若 1921 年创作的一首现代格律诗。诗人由现实中街灯联想到天上的明星,再由天上的明星联想到街灯,进而想象天上的街市,想象天上美丽的景色,想象天上街市里的珍奇,想象过着幸福生活的牛郎织女。通过对天上美好生活的描绘,表现了诗人对旧时代黑暗现实的痛恨,对理想生活的向往,激发人们为实现这一理想而奋斗。因此,这首诗使那个时代的读者很自然的通过对比认识现实的黑暗,激起对理想的向往并为之而奋斗。今天,我们学习这首诗仍然有新的意义。

一、教学目标

1. 学习诵读诗歌,培养读诗兴趣。
2. 体会本诗想象丰富的写作特点。
3. 初步学会鉴赏诗歌精练传神的语言。
4. 理解诗中表现的追求光明和理想的思想感情。

二、教学重、难点

1. 有感情地朗读并背诵全诗。
2. 体会联想和想象的作用及联想力和想象力的训练。
3. 品味诗歌精练传神的语言。

三、德育目标

领会本诗在优美的意境中蕴涵的深刻道理,明确今日幸福美好的生活来之不易,人人都应自觉爱护我们生活的家园,保护环境、美化生活、建设祖国。

教学方法：

一、计算机多媒体辅助教学法

"工欲善其事，必先利其器。"现代化教学手段对于优化语文教学方法，提高语文教学效率具有重要作用。本课可以尝试利用多媒体计算机制作 CAI 课件，精心编辑文字、图像、动画、声音、视频等，创设一个有歌有舞有诗有画，轻松活泼的学习诗歌的良好情境，激发学生学习语文的浓厚兴趣。采用多媒体辅助教学法是现代教育技术的一项基本要求。新大纲规定：重视创设语文学习的环境，沟通课本内外、课堂内外、学校内外的联系，拓宽学习渠道，增加学生语文实践的机会。多媒体计算机的运用能很好地增加容量，实现这个重要目标。

二、诵读法。

"书读百遍，其义自现"，诗歌的教学尤其注重朗读。教师应针对学生实际，了解学生实际朗读水平，有效地指导朗读，在停顿、轻重、节奏、情绪等的处理上着重指导强调。朗读可由教师表情范读、学生集体朗读、个别朗读、小组朗读、分男女朗读等，形式灵活多样。通过反复朗读品味，体会诗中巧妙的艺术构思、强烈的感情色彩、优美的意境、凝练的语言、鲜明的节奏、和谐的韵律，从而理解诗的内在思想意义。本文为现代诗，语言朴素易懂，更适合学生在反复诵读中理解掌握。

学法指导：

一、自主学习法。

要求学生必须学会使用工具书，养成看课文注解、自学课文的好习惯，自主参与到教学的各个环节中去，如课前预习、课上积极思考踊跃发言、课后及时复习巩固等。对这样通俗易懂的现代格律诗，经过自学，应基本理解诗歌内容、读准字音、正确停顿、有感情地朗读。

二、诵读品味法：

要求学生在自主学习,扫清文字障碍,初通文章后,能通过反复吟咏朗读品味,读出诗歌的韵味,还课堂以朗朗书声。通过读可以加深对诗歌内容的理解,培养学生对诗歌的阅读欣赏爱好,对学生进行美的熏陶,培养学生热爱祖国优秀文化的精神。

教学过程：

一、导入,激发学习兴趣

(播放背景画面和音乐)你喜欢星光灿烂的夜晚吗？能说说原因吗？(学生自由发言)灿烂星空总是能激发人们无穷的想象,浪漫的诗人往往会借助种种想象来寄托自己的理想,今天我们就来学习这样一首极富想象力的诗:《天上的街市》。

(投影课题及作者。)

二、作者简介及写作背景

(注:布置学生预习,在预习的基础上提问有关作者的一些文学常识。)

三、品味诗歌的语言美

1.欣赏配乐朗读。

2.明确朗读要求。

3.学生自由朗读全诗。

4.明确节奏和重音,指名两位学生读,让同学们予以评价,最后学生齐读全诗。

四、拓展延伸——培养联想和想象的能力

介绍有关联想和想象的知识。

完成联想、想象创新思维训练题目(课后练习题二)。

五、走近文本——梳理内容,感悟主旨

思考下列问题:

1.诗中哪些是写实的诗句? 哪些是想象的诗句?

2.诗人由远远的街灯联想到什么? 为什么会产生这样的联想?

3.诗人怎样由联想而进入想象? 想象又是怎样逐步展开的?

4.天上的人们生活是怎样的呢? 最后一节寄寓了诗人怎样的思想感情?

学生自由讨论、交流,教师予以引导、明确,掌握全诗结构和主旨。

本课小结:

本诗通过由远远的街灯产生联想和想象,描绘了天上的街市及美好的生活,表现了作者对黑暗现实的痛恨,对光明、自由、幸福、快乐生活的向往和追求,激发人们为实现这一理想而奋斗。

中国石拱桥

说教材:

茅以升是中国著名的桥梁专家。对于《中国石拱桥》一文,他曾这样说道:"石拱桥是我国传统的桥梁三大基本形式之一。石拱桥这一体系,又是多种多样的。本文所写的这两座桥,乃是千万座石拱桥中杰出的代表之作。几千年来,石拱桥遍布祖国山河大地,随着经济文化的日益发达而长足发展,它们是我国古代灿烂文化中的一个组成部分,在世界上曾为祖国赢得荣誉。""它是一份珍贵的遗产,显示着我国劳动人民的勤劳勇敢和卓越才能。"

传统桥梁的三大基本形式是:梁桥、拱桥、吊桥,而拱桥尤为常见。

写说明文要抓住事物的特征。《中国石拱桥》一文从不同的角度说明石拱桥的特征。先采用概括说明"石拱桥在世界桥梁史上出现得比较早。这种桥不但形式优美，而且结构坚固，能几十年几百年甚至上千年雄跨在江河之上，在交通方面发挥作用。"从"久、美、坚"三个方面说明了中国石拱桥的一般特点。然后又介绍了赵州桥、卢沟桥，采用具体说明方法来揭示石拱桥的共同特点，还着重说明两座桥的各自的特点。赵州桥是独拱石桥，"大拱的两肩上，各有两个小拱。这个创造性设计，不但节约了石料，减轻了桥身的重量，而且在河水暴涨的时候，还可以增加桥洞的过水量，减轻洪水对桥身的冲击。同时拱上加拱，桥身也更美观"。"拱上加拱"是赵州桥独有的特点，"大拱由28道拱圈拼成"也是赵州桥最突出的特点。卢沟桥是联拱石桥，它的自身独有特点是"每个柱头上都雕刻着不同姿态的狮子"，可谓"石狮百态"。

《中国石拱桥》是按照"总——分——总"的顺序来说明的。先总说特点，接着以赵州桥和卢沟桥为例具体说明历史悠久、结构坚固、形式优美的共同特点，所举例子具备了被说明事物的共同特征，即共性寓于个性之中。然后分说了两桥梁各自独有的特点，最后总说我国石拱桥取得的光辉成就的原因，以及社会主义时期不同石拱桥的发展。

这篇说明文主要的说明方法是举例子。举例子要有代表性，所谓代表性即要具备被说明事物的共同特点，第二要具备该事物的自身独有的特点，赵州桥和卢沟桥就具有非常突出的代表性。这篇说明文另一个重要说明方法是列数字，运用数字说明是准确说明事物的方法之一。根据需要，有时需要用确切的数字，如"赵州桥非常雄伟，全长五十点八二米，两端宽九点六米，中部略窄，宽九米。"有时要用约数，赵州桥"修建于公元605年左右，到现在已经一千三百多年了，还保持着原来的雄姿"。石拱桥"能几十年几百年甚至上千年雄跨在江河之上"。

本篇文章是人教版第八册第三单元的第一篇阅读课文，作为初二学生接触说明文的首篇，一定要作好说明文入门的指导。

说教学目标：

　　根据单元教学要求、课文特点和初二学生开始学习说明文的实际情况,本课的教学目标确定为:
　　1.抓住事物的特征,理清说明顺序。
　　2.比较赵州桥和卢沟桥的异同,说明选材的代表性。
　　3.举例说明语言的准确性。
　　4.运用已有的桥梁知识,通过想象设计未来的桥梁。

说教学重难点

　　1.教学重点:掌握说明事物要抓住说明事物的特点。
　　2.教学难点:选取代表性事例说明事物特点;圈画关键性语句说明事物特点。

说教法学法：

　　为了更好地突出教学重点、突破难点,教师可以让学生自读课文,在整体感知的基础上,给本文标题添加一些修饰性或限制性词语,即是什么什么样的中国石拱桥。这种以课本内容为依据的修饰的添加格式如下:《——的中国石拱桥》。学生可以填写"古老的""世界著名的""成就辉煌的""造型奇特的"等等词语,并说出一定理由,从而培养学生的整体感知能力和概括能力。
　　此外,为了说明中国石拱桥的特点,辨析赵州桥和卢沟桥特点上的异同,教师可认真组织问题进行教学,促进学生思考、讨论和归纳总结。
　　《中国石拱桥》作为初二学生学习说明文的入门之篇,必须让学生初步掌握从"抓住特点"角度去分析说明性文字。让学生学会扣住说明对象——中国石拱桥,抓住关键性语句,筛选重要信息的方法。学习这篇文章,可以制定若干个教学目标,为了实施目标,需相应地采用演示、投影、讲解、谈话、讨论等诸方法,藉以引起和推动学生的注意和思考。

说课前准备:

1. 制定本课的教学目标,抄在小黑板上。
2. 准备赵州桥及该桥二十八道拱圈剖面图和卢沟桥的教学幻灯片。
3. 教师自制一个简易的桥梁演示模型。
4. 为每个学生印一份茅以升的《桥梁远景图》节录阅读材料。

说教学过程:

(一)导入新课,简要介绍作者

我们常常用桥梁来比喻友谊,因为友谊就像桥一样把两个人连了起来。可见桥是在没有路的地方搭起来的路。根据史料和考察,在原始社会,我国就有了独木桥和数根圆木排拼而成的木梁桥。河北赵县的赵州桥是世界上第一座采用弓形拱的敞肩拱桥,欧洲在赵州桥建成七百年后才采用弓形拱的。我们祖先的聪明才智值得我们每一位同学学习。

(二)检查预习

1. 给加点的字注音:洨河 张 匀称
2. 解词:惟妙惟肖 绝伦 古朴 奇观

(三)展示教学目标

(四)阅读全文,对课文进行整体把握

1. (教师板书题目,先写石拱桥然后在这三个字前再加上"中国"二字),提问:本文题目是《中国石拱桥》,文章是从第几段写中国石拱桥的?它和前边的段落之间是怎样的说明顺序?

明确:文章从第 3 自然段开始写中国石拱桥的。前两段写的是石拱桥,它们之间的说明顺序是由一般到特殊。

2. 作者写石拱桥用了 1、2 两个自然段,这两个自然段的内容侧重点有什么不同?

明确:第 1 自然段侧重写外形美观,第 2 自然段侧重写结构坚固。

3. 将桥的模型展示给学生,并分别放置 100 克砝码让学生体会上述两点。

明确:桥梁呈弧形的叫拱桥;桥梁和河面几乎平行的叫梁桥。

4. 作者写中国石拱桥举了两个例子,它们和第 3 自然段的顺序是怎样安排的?

明确:概括——具体。

5. 请将第 3 自然段分层次,并概括中国石拱桥的特点。

明确:分四层意思。中国石拱桥的特点:历史悠久、分布广、形式多样、有许多惊人的杰作。

6. 看书,对照赵州桥和卢沟桥的说明,看介绍的大致顺序是否一样呢? 作者为什么要选这两座桥?

(学生读书,教师打出幻灯:赵州桥、卢沟桥)

明确:大致顺序一样。介绍两桥时都交代了地理位置、修建时间、桥的长、宽、结构、艺术价值及对桥的评价。从外观看,赵州桥是独拱,卢沟桥是联拱,只写一座不能反映出中国石拱桥的全部,选两桥,说明选材具有代表性。

7. 作者对这两座桥说明的侧重点不完全相同,各详写什么?

明确:赵州桥详写了结构,卢沟桥详写了价值,即艺术价值和历史价值。

8. 作者写赵州桥结构时怎样安排顺序的? 具体说说看。

明确:"总——分"写法,作者先总写赵州桥的特点,然后分(一)(二)(三)(四)作了具体介绍。学生解说:略。

9. 卢沟桥的艺术价值、历史价值体现在什么地方?

明确:艺术价值,石刻狮子。历史价值,抗日战争在这里爆发。

10. 教师总结:以上通过介绍赵州桥、卢沟桥,进一步说明了中国石拱桥的特点。

11. 下面进一步分析中国石拱桥取得成就的原因。

明确:原因有三,着重说明三者顺序不能颠倒及原因。

12. 研读课文,体会说明文语言的平实准确,完成第三个教学目标。

明确:有些词语十分确切肯定,如列举的时间、数据,有些词语则表示一种估计。无论哪种,目的只有一个:说明准确;依据只有一个:符合实际。指导学生完成练习四。然后由学生再从课文中找出其他例证来说明之,以强化理解。指导学生完成练习五,明确:注意词句顺序,合理周密。

13.学习本文的表达方式。

说明文主要采用说明的方式,但说明文里常常含有记叙成分;找出本文里的记叙成分,明确表达方式的作用。

明确:表达方式的运用服务于写作目的。本文旨在给人有关中国石拱桥的知识,因此以说明为主。为叙述历史意义和发展情况,交叉运用记叙方式。说明为主,穿插记叙,就是本文的特点。

14.完成教学目标四。让学生想象未来的桥会是什么样的。(发阅读材料)

15.总结、布置作业。

第三章

课堂实录

陈太丘与友期

学生串背《龟虽寿》。

老师:谁主动要求背?(李德举手)哦,难得呀,给她鼓个掌!

李德背。

老师:咱们都背到哪里了?最后一首,黄珊。好,我们一起把这几首诗读一下,注意字的写法。龟虽寿,曹操,开始——

(学生背)

老师:我们今天学习《陈太丘与友期》,首先请大家快速读课文,注意要求:

(出示多媒体课件)

分组自学

要求:

1. 读准字音,揣摩朗读的节奏。

2. 勾画出你认为应该重点掌握的词语。

3. 结合注释,疏通文意,复述故事。(看谁做得又快又好,待会儿我们进行学习竞赛)。

(学生自读,老师巡回检查)。

老师:好,怎么样?

学生:好了。

老师:前面是自学,我们现在来进行比赛,请同学起来和我们进行朗读比赛。谁来?

董乔:我。(读)

(出示多媒体课件)

请大家推选一朗读选手参加朗读比赛,另外一名选手由老师担当。

其他同学请你当评委。

评判标准:

老师:怎么样?(可以)按照这个标准。音调是否标准,停顿是否正确？我来试一下。(读)谁来评价一下？首先找我的缺点,我不如董乔的地方。

学生:声音有些沙哑。

老师:那么,我读得好的地方呢？

学生:音调标准,语气自然。

老师:那咱们大家再读一下好吗？(学生齐读)那么这是第一个环节。现在大家看,谁能写出下列字的意思。

多媒体演示:

陈太丘与友期行　过中不至　太丘舍去　元方时年七岁　已去　相委而去　则是无信　下车引之　元方入门不顾

老师:哪位同学上来写？(一些同学举手)好,你们上来写。(五个同学上台,写完后又叫三个同学继续写)老师犯了一个错误,有的同学从左往右,有的同学从右往左,大家要学习一个知识,古人是从右往左写的。好,看一下,下车引之,引,拉。则是无信,信写了没有？没有。相委而去,去,离开。元方时年,年,年龄,舍,放弃。打开书本看一下。不再等候,走了。过中不至,中,正午。这篇课文中还有一个与正中相似？(学生:日中)好,大家基本上都把重点的词语写出来了。(多媒体出示答案)

好,再看下面这些词是什么意思？

去后乃至,乃,才。

尊君在不？否

非人哉！哉。

相委而去,相,我要讲一下,偏指客人那一方面。

尊君与家君,君有什么区别？

徐盘:尊君是客人对主人的父亲的尊称。家君是自己对自己父亲的尊称。

老师:对,提出这个问题的同学听清楚了没有？(出示正确答案)第二个环节完了,第三个环节——(出示多媒体)昨天我安排同学来排练课本剧,准备好了没有？哪些同学来？

史俊:他的朋友中午都没有到约定的地方,陈太丘走了以后,当时元方才七岁,有一个客人问元方,你的父亲在吗？元方说,我的父亲等你到中午,但你没来,就走了。那人说,你父亲简直不是人,我们约定中午,他居然走了。元方生气地说,你们约定中午,但是你没来,你当着我的面骂我父亲,这是极不礼貌的。说完就走了,那个朋友拉着元方,元方头也不回地走了。

老师:元方和陈太丘的关系是什么? 父子关系。好,小品准备。

学生1:这人怎么还不来呀,唉,都正午了。

学生2:嗯,人呢,明明说好中午来,怎么还不来呢,先去他家看一看。

学生1:你爸爸呢?

学生2:你爸爸说中午来,怎么还不来,真不是人。

学生3:你约定正午来,但是你没有来,你对着别人骂他的父亲,就是不礼貌。(转身走)

学生2:(羞愧地)对不起。(学生三转身走了)

老师:好,这几个同学表演得不错。下面是大家提出的问题,我整理了一下。展示多媒体。

第一个问题:宋子健,请问:元方入门不顾,是否失礼呢?

同学1:我觉得是有人先对着他骂他的父亲,他自然可以反驳。

老师:对呀,你失礼在先。

同学2:我认为入门不顾应该是一种失礼的表现。

老师:对,毕竟有人认识到自己的错误了。老师的观点现在不说。

元方为什么不接受别人的道歉却入门而不顾呢? 为什么不和友人和好呢? 友人到期不来是不信,那么不待人就走也不是不信吗?

太丘这种行为,是不是不信呢?

同学3:我觉得他也应该算是不信,不等人来问清情况也是不对的。你为什么不等人来解释一下缘由呢?

老师:对呀,可能是他遇到什么困难了,太丘应该多待一些时间。

同学4:一个人在古代的时代,在别人有事情的时候,又没有什么通讯工具告诉你。

同学5:约定了时间,如果到了黄昏还不来,便能够自己走。

同学6:如果等到傍晚,又浪费了自己的时间。

老师:如果是我,我不会待,因为时间是自己的,你要做事,你不能浪费自己的时间。到底是谁的不是？首先是对方失约了，他根据自己的情况，才自己走了。那友人呢？

同学7：我认为这个友人能够成为陈太丘的朋友，他的品德都是很高的，不是酒肉朋友，他应该是一个工作比较繁忙，事情比较多的人。

同学8：他是一个不讲信用、不尊重他人的人，但是他最后还是赶来了。

老师：刘玉玲是从课文看的，他是一个不守信用的人，而且骂他的父亲，是一个不礼貌的人。最后从下又可以看出是一个知错就改的人。谁同意史俊的观点？

同学9：我同意，因为他比较繁忙，他不来是正常的。

老师：朋友因事耽误了，不是失信。同意他的观点的举手。（过半）那么，我认为，课文当中没有过多的介绍他的身份，那么我们为什么就可以猜测出他是一个繁忙的人呢？如果是一个繁忙的人，是否就有理由失信呢？今天你能保证老师要把这首诗背完，但是你睡过头了，作业太多了，这是不是失信的理由呢？（不是）但是友人好的一点是他认识到了错误，拉着他表示道歉，但是元方入门不顾。最后一个问题是老师问大家的：这篇课文给我们讲了一个什么样的道理？

学生：不能失信。

老师：信用从古到今都很重要，做人要讲信用。你遇到过被人欺骗或者欺骗别人的事情吗？

同学10：举个例子吧，上个星期，我本来是准备和一些朋友去一个地方的，可是我失约了，他们自己玩去了。

老师：那么你的朋友是什么态度？

同学10：我的朋友原谅了我。

老师：自己失信还是会受到朋友的不理解，从不理解到理解。那么有没有人失信于你呢？

同学11：有一个同学借我东西，说第二天还给我，结果没有。

老师：那么在社会上听说过没有？

同学12：就是这次半期考试的时候，一班的同学数学得了高分数，当他问了欧老师的时候，都是说他不及格，他很生气。

老师:诚信对社会,对个人都有很大意义。咱们今天是一个市场经济的时代,有些人为了追求利益,故意损害消费者的权益。假冒产品就是很好的例子,前几年出现假酒案,把工业用酒拿去卖给消费者。同学们觉得那个老师胡子很长,不知道原因,上个星期我去买了一个刮胡刀,没法用,后来我终于明白了,我买的是假冒的。在这里,老师给大家介绍弗吉尼亚大学的故事,这个大学非常讲诚信,同学之间,同学与老师之间不能存在半点欺骗,课下的作业必须独立完成,经过老师的同意才可以帮助对方完成课题。如果不,就是欺骗,在这所大学,不守信用这样的行为足以被开除。有一个事例,非常感人,有一个澳大利亚的学生,在期末考试的时候,祖父去世,必须回家,怎么办? 教授说,我把期末考试的试卷给你,你在飞机上完成。有人会想,这位女生会不会作弊? 正是因为大学里这种优良的传统使老师与同学之间充满信任。这个女生在飞机上用三个小时完成了试卷,然后将试卷封好,交给空姐带回大学。空姐在信封上写道:这位女生在飞机上独立完成,这次航班上全体的人可以作证,我们可以以我们的荣誉担保并祝贺弗吉尼亚大学。这个故事一直被传为美谈,就是因为学生与老师之间建立了诚信关系。那么,老师们在这里送给大家两句话,第一是这个大学在考试时必须抄写到考卷前的:作为学生,我以我的荣誉起誓,我没有为了这份作业或考试给予或接受任何帮助。

下面是老师送给大家的:每个人都想得到别人的尊重……

这次考试咱们班也有一个同学也问了别的同学,当时我及时地纠正了这次错误,但是我没有和任何人说,我只是叫到办公室告诉他,作为一个学生,要实事求是地完成考试,后来经过我的观察,这个同学在以后的考试中从来没有犯过错误,我们为这个不知名的同学鼓掌。(大家鼓掌)时间到了,本来后面还有一个内容,我们就放到课下,今天的作业就是完成练习册。

济南的冬天

上课,师生问好。

老师:"春游芳草地,夏赏绿荷池。秋饮黄花酒,冬吟白雪诗。"这是古时候一个孩子写的一首咏四季的诗。四季景色千姿百态,美不胜收。古往今来的文人墨客为此写了许许多多的诗文。前一段时间我们举行了古诗文背诵活动。现在哪位同学想为老师和同学们背几句呀?

学生背后,老师评论。

老师:同学们背诵的都是绝句或律诗,容量很有限,是取一个或两三个景物来写景的。这一单元我们学习的写景抒情散文,内容丰富极了,有春草、夏色、春雨、冬雪等等。作者是怎样描绘的呢? 这一单元我们就来学习一些写作写景散文的方法。今天,我们先来学习老舍先生的《济南的冬天》。(投影课题在白茫茫的背景上)

老师:提到冬天,你会有什么感觉? 会想到些什么?

学生:感到特别冷;我会想到呼啸的北风、飘飞的大雪、瑟瑟的枯枝。

老师:北风凛冽、天寒地冻、万木萧条、万物沉寂是我们这里的冬天。那么,"四面荷花三面柳,一城山色半城湖"的济南在冬天又是怎样的胜景呢? 这节课,我们一块来欣赏一下。

老师:首先请大家明确两个学习重点:1.本文抓住景物特征写景的方法;2.朗读并背诵精彩的段落。

(投影:1.抓住景物特征写景;2.朗读并背诵精彩的段落。)

老师:请同学们听老师朗读课文,整体感知作者所表达的深情。

同学们,济南的冬天好吗?

学生:好!

老师:好在哪里?

学生:济南的冬天没有风声,不像我们这里,呼啸的北风令人受不了。

学生:济南的冬天是温晴的,不像我们这里的冬天,即使有阳光,也是干燥的冷得厉害。

学生：济南的冬天很温柔，水不结冰，倒还充满了绿意。令人不禁想到我们这里的春天。

老师：好的文章三分赏析七分读，只听了一遍，同学们就发现了这么多济南冬天的好处，下面请同学们仔细地读一下课文，体会作者是怀着怎样的心情来写此文的，阅读这篇文章应注意哪些问题？（朗读的感情、语速、语调和语气）

老师：在阅读的时候，我希望同学们能注意下面这几个生字词：

①济（jǐ）南 ②伦敦（dūn）③髻（jì）④镶（xiāng）⑤贮（zhù）蓄 ⑥水藻（zǎo）

（投影生字词）

学生自读课文。

老师：同学们读得都十分认真。那么你认为作者是怀着怎样的心情来写这篇文章的呢？

学生：我认为作者心中充满了感激，济南的冬天给了他在北平和伦敦不同的特别温柔的感受。

学生：我认为作者怀着喜悦的心情来写这篇文章的。在济南这么温柔的地方过冬，作者自然是很喜悦的；同时，我认为他还为我们中国有这么好的地方感到自豪。

老师：那么，你认为该用怎样的语气、语调才更能读出作者的这种感情呢？

学生：用较轻声、喜爱和欣赏的语调读。

老师：那请你来读一下，好吗？读你认为读的最好的地方。

学生：读第一、二、三段。

老师：你认为他读得怎么样？

学生：我觉得他读得很好，能把那种如诗似画的意境和作者喜爱、欣赏的心情读出来。

老师：那就再看一下，只看两眼。谁来试一下？

学生：背第一段。

老师：同学们能在这么短的时间内背出自己喜欢的段落，真不简单。下面听教师来朗诵第一段，同学们再来感受一下济南冬天最大的特点。

老师:那谁说说济南冬天最大的特点?

学生:温晴。

老师:能说一下你的理由吗?

学生:作者通过和北平、伦敦、热带的对比,突出了济南冬天无风、有阳光、温晴的特点。

老师:说得非常好,用对比写出了济南冬天温晴的特点。那你能不能用同样的方法写出你所到过的一个地方的特点?

老师:那你先想一下。你从小学到初中的感受;在家住久了,初到学校的感受;你到别的地方游玩的感受等等。

学生:对于一个久在田野疯跑的孩子,能坐在明窗几净的教室里读书,那是一种幻想;教室里的气氛是温馨的,知识的海洋无限辽阔。

学生:对于一个久被遗忘的学生来说,能受到老师慈爱的抚摩,那是一种感动;老师的抚摩,是温柔的、慈爱的。

老师:同学们说得真是太好了。那么作者是选取了哪些具体的景物来描绘济南特有的动人冬景的呢?

学生:山、雪、水。

学生:我认为还有阳光、村庄。

老师:对。作者在描绘济南冬天这几种具有代表性的事物时,巧妙地运用表示色彩的词语和确切的比喻、拟人,描绘出了济南冬天的景色,抒发自己的内心感受。例如描绘济南小山雪景的那段文字中,作者用了"青黑""全白""银边""蓝天""草色""白""暗黄""微黄""粉色"(投影这些词语)等词语,色彩鲜明艳丽,恰到好处。同时又运用了十分确切的比喻、拟人(投影比喻、拟人),使景色形象化。通过"日本看护妇""花衣"的比喻和"露出肌肤"的拟人,使人感到小雪中的济南依然温暖如春。在这段景物描写中,抒发了作者对济南无比热爱的真挚情怀。

老师:济南有山有水,前面老师分析了雪中小山的美,那水呢? 哪位同学能用同样的方法来分析一下?

学生:我认为济南冬天最突出的色彩是"绿""把终年贮蓄的绿色全拿出来了"。

学生:我认为这里主要运用了拟人的修辞方法,使水有了人的感情表达了作者对济南无比的热爱之情。

学生：类似的用法，我们在朱自清的《春》中还学过"桃树、杏树、梨树，你不让我，我不让你，都开满了花赶趟儿"。

老师：同学们分析得都很好。作者写阳光也很有特色，他是结合什么来写的？

学生：山。

老师：主要采用了什么方法呢？

学生：比喻和拟人。

老师：那么"济南的人们在冬天是面上含笑的。他们一看那些小山心中便有了着落。他们从天上看到山上，便不自觉地想起，明天也许就是春天了吧，这样的温暖……"这几句是从哪个角度写的呢？

学生：从人的感觉的角度。

老师：好的写景文，注意调动人自身的各种感官。这一点我们以后再详细学习。

老师：这一节课我们主要学习了如何抓住景物的特点来描写，同时又可以写得生动形象。那么哪个同学来总结一下？

学生：我认为一要抓住最突出的特点；二要运用多种手法。

老师：非常好。下面同学们再读一遍课文，体会一下本文的特色。

老师：法国雕刻家罗丹曾这样说，美是到处都有的，对于我们的眼睛不是缺少美，而是缺少发现。我们生活在大自然之中，大自然的美可以说是无处不在。它不同于巧夺天工的工艺美，也不同于绕梁三日的音乐美。然而，它似乎是各种美的组合。尤其是我们祖国壮丽的山河，真是美得令人陶醉，在春、夏、秋、冬不同的季节，不同的地方，展现出不同的美姿。只要同学们热心的观察生活，抓住景物的特征，选准角度，在描绘时用一些修辞方法，并将自己的感情融会其中，相信同学们一定能写出美妙的文字来。

布置作业：

模仿本文写法，写短文《校园的冬天》

看云识天气

老师:中国有句俗话叫"天有不测风云",意思是"天也有不能预测的时候",那么用逆向思维反过来思考就成了"天气一般都能预测"。确实,我国古代的劳动人民就已经能够预测天气了,他们用自己的聪明才智将经验总结成了许多关于天气的谚语。下面就让我们用这些谚语做个游戏——找朋友。我这里有谚语的上半句,下半句已经分到了你们手上。我们就来找一找谚语的下半句各是什么。(背景音乐:《找朋友》)

第一组:天上钩钩云

学生:地下雨淋淋

老师:好,请手里拿着这句谚语的同学到第一组就坐。

第二组:早上乌云盖

学生:无雨也风来

老师:是吗? 我们来看一看。正确。请手里拿着这句谚语的同学到第二组就坐。

第三组:乌云接日头

老师:下一句是什么呢?

学生:半夜雨淋淋

老师:同样请这些同学到第三组就坐。

第四组:西北开天锁

老师:再来看看这一组。

学生:明朝太阳大

老师:请到第四组就坐。

第五组:朝霞不出门

老师:这个简单,下半句是什么?

学生:晚霞行千里

老师:请到第五组就坐。

第六组:有雨山戴帽

学生:无雨便是风

老师:对吗? 再想想。

学生:无雨云拦腰

老师:对了,请这些同学到第六组就坐。

第七组:日晕三更雨

学生:月晕午时风

老师:这组猜得最快,请他们到第七组就坐。

第八组:日出胭脂红

学生:无雨便是风

老师:刚才这些同学早就等不及了,现在终于轮到他们,请他们到第八组就坐。

老师:好,现在每位同学都找到了自己的好朋友,也组成了一个学习小组,在接下来的学习中要相互配合。下面我分配一下任务:请1号2号3号的同学代表小组发言;4号同学是这个学习小组的组长,组织好合作;5号同学是记录,要求记录下小组讨论的内容,给发言的同学参考;6号同学计时,安排小组活动在老师规定的时间内完成。现在每个同学都有了自己的任务,请认真完成。

老师:我们看到古人是那么聪明,已经能将天气情况编成简单的谚语。我们当然也不甘示弱,今天我们也来看云识识天气。(出示课题)我们虽然没有古人那么多的实践经验,但我们手头有最好的老师。是什么?

学生:书。

老师:好,那我们就来看看书中介绍了哪几种云?(抢答)

学生:卷层云,卷云,卷积云,积云,积雨云,高积云,高层云,雨层云。

老师:哦,一共八种。那它们各自有什么特征呢? 请找出文中相关的语句并用第一人称的方式描述出来,然后找到一个关键词来概括它的主要特征。当然可以小组合作一下,不过我们先请小组长把这八种云家族的成员分别带回去。

学生:(争先恐后上台挑选云。)

老师:现在可以小组活动了,五分钟时间完成。

老师:(击掌以示时间到)准备好了吗? 让我们来听一听云家族的自

我介绍。哪一小组先来？

学生：我是"雨层云"，我又矮又胖，穿着暗灰色的外衣，太阳、月亮见了我都要躲藏起来，我在天空出现时就表示连绵不断的雨雪就要来临了。

老师：原来你会带来雨雪，难怪是灰蒙蒙的。你有什么主要特征呢？请2号同学补充。

学生：暗灰色、密布。

老师：我们再来听听另一种云的介绍。

学生：当积云迅速向上凸起，形成高大的云山时就变成了我，我是积雨云，然后我越长越高，慢慢变黑，最后我整个倒下了，这时乌云弥漫、雷声隆隆、电光闪闪，马上下起了暴雨，有时还伴有冰雹或者龙卷风。

老师：原来你是这样形成的。下面请2号同学概括一下主要特征，像什么？

学生：山。

老师：下一个谁来介绍？

学生：我是卷层云，是在连绵的雨雪来临之前出现在天空的一层薄云，看到我，请大家出门前带上雨具。

老师：谢谢卷层云的提醒。那你的主要特征是什么？

学生：像毛玻璃。

老师：好像有人提反对意见了，到底是毛玻璃还是别的什么？

学生：应该是绸幕。

老师：哦。那我们马上请急着要说的"毛玻璃"来介绍一下自己。

学生：我的绰号叫"毛玻璃"，是由卷层云积聚而来的，透过我看天就会模糊不清因而得名，其实我的真名叫"高层云"。雨雪都是我的好伙伴，常常和我形影不离。

老师：我想这么一介绍，大家对他的主要特征已经很清楚了，就是"毛玻璃"，不需要2号同学补充了。还有几位云家族的成员没有介绍过自己，我们也来听一听。

学生：我是……（介绍略）

老师：听了那么多云的自我介绍，我们对这些云所预示的天气已经很清楚了。以往我们总习惯于听天气预报，今天我们也可以当一回小小的天气预报员,根据云图自己来预报天气。预报之前也需要小组合作准备一下。因为既然是预报,事先肯定不知道会出现什么云,所以只要在非常熟悉每种云预示的天气情况的基础上准备好大致的预报纲要就可以了。预报时要尽量模仿天气预报员的语气、语调、动作、表情。也是 5 分钟的准备时间,现在开始。

老师:现在是气象服务时间,想要了解未来的天气趋势吗?让我们来听听天气预报。

学生:海南岛的上空出现了一片积雨云,积雨云……(介绍积云的特点),那里马上就要下雷阵雨,请出门的朋友带好雨具。

老师:这位预报员的知识非常丰富,给我们介绍了许多云的知识,可听起来不太像天气预报。有没有同学再来给我们示范一下?

学生:上海上空偶尔飘着几多积云,晴空万里,气温 23℃～27℃。人体舒适指数:2 级,气温适宜。穿衣指数:2 级,短袖衬衣。旅游指数:3级,适合外出游玩。

老师:这样的天气预报非常清楚,很人性化。还有没有同学想试一下现场预报窗外的天气?

学生:……

老师:这位同学很有主持人的气质,好像带我们到户外现场讲解了天气情况,语言也很亲切,让人很愿意听。

老师:听了那么多介绍,我们发现天上的云真是变化多端,很奇妙。它离天最近,是最佳的天气预测者。但善于观察的人一定会发现,除了云之外,自然界中还有许多东西都可以预示天气。你发现过吗?它们预示了什么天气?

学生:燕子低飞要下雨。

学生:鸡迟迟不愿入笼,是下雨的预兆。

学生:蜻蜓低飞要下雨。

学生:蚂蚁搬家预示将要下大雨。

学生:蜘蛛张网补网兆天晴。

老师:我还知道一种古老的盐巴占卜术,将盐巴丢到火中,发出劈啪声的预示好天气,可以远行;而没有声音的就象征天气变坏、风雨将至,盐巴警告人们应该待在家中,等风雨过去再出门远行。

老师:有这么多可以预示天气的现象,你们想过其中有什么科学依据吗? 或者有没有什么疑惑。我就有一大堆的疑惑。这些现象真的准确吗? 为什么能预示天气? 我们是不是不用天气预报,直接看它们就可以了? 你们也可以把疑问提出来。但因为时间的关系,我们不可能都在课堂上解决,下课后,学习小组可以继续活动,相互协作找出问题的答案。同时我们还要把这节课上"细心观察、专注思考"的学习方法继续用下去,仔细观察身边的任何一样小事物,发现它的独特之处,并用最精彩的话将其记录下来。我们到时来看看谁的发现最新鲜、描写最生动有趣。

老师:好,这节课先到这里,下课。

说"屏"

导入新课:

(老师先出示金漆雕龙宝座的图片)

老师:同学们,在《故宫博物院》一文中我们都被安放在朱漆方台上的金漆雕龙宝座所吸引,不知道你是否注意过安置在其背后的雕龙屏呢? 屏面纹饰巧夺天工,更增添了御座的庄重肃穆。今天,我们就跟随陈从周先生走进屏风的世界,感受我国屏风文化的博大精深。

(出示课题)

整体感知课文:

老师:下面请同学们听老师范读课文,想一想:课文中介绍了关于"屏"的哪些知识?

(老师配乐朗读,学生思考后回答)

老师:听完了朗读,哪位同学能说一说?

学生:课文中介绍了屏的特点、屏的作用、屏的种类、屏在设置上应注意的问题。

老师:有没有补充的?

学生:还写了作者对屏风装饰的期盼。

老师:概括得真好。

老师:谁能再具体地说一说?

学生:在介绍屏的特点时,作者引用了诗句"银烛秋光冷画屏,轻罗小扇扑流萤"的诗句,写出了自己对屏风的向往之情,并概括说屏的特点关键在一个"巧"字上。

学生:屏可以分隔室内室外,又是艺术点缀,而且可以挡风,还可以缓冲视线,这些都是屏的作用。在说明这一点时,作者还列举了两个事例。

学生:"屏者,障也。"这一句是在给屏下定义,然后写了屏的分类,按照建造材料及其装饰的华丽程度,分为金屏、银屏、锦屏、画屏、石屏、木屏、竹屏等,语言清楚明了。

老师:同学们说得都非常好。

老师:实际上屏风离我们非常遥远,在生活中见的也很少,下面就请大家欣赏一些屏风图片,可以看看,这些屏风是用什么材料建造的,属于哪一类屏风。

(老师出示一些屏风图片,师生共同欣赏)

活动——"屏风推销会"

老师:屏风的世界的确让人流恋忘返,接下来我们开一个屏风推销会,让大家初次尝试做一名推销员。

(老师准备了锦屏、石屏和竹屏的图片,分发给各组。分组准备,小组是提前分好的,全班共分6组,三组推销员,另外三组是相对应的顾客。)

老师:屏风推销会正式开始,首先有请我们的锦屏推销员。

(上来了两位同学)

推销员(男):我们推销的屏风叫做"锦上添花",它选用了上等的丝绸为主要建造材料,并配有徐悲鸿的马、苏东坡的诗、郑板桥的画等做装饰,边框是用檀香做的,丝丝入扣。

推销员(女):我们的屏风制作精美,如若摆放在家中,一定会显示出主人高贵典雅的气质,相信我们,你的选择不会有错,我们的底价是2000

元,热忱欢迎大家购买我们的屏风,并提出宝贵的意见。

顾客:你们的屏风的确能显示主人的雍容典雅,如若安放在家中日积月累一定会沾上尘土,如果这样就不容易清除污渍,它岂不是不能长久使用?

推销员(男):我们在制作屏风时所选择的材料为了起到双层保护作用,特意在它的上面涂了一层保护膜,可以用清水轻轻擦洗。我们相信,它的主人一定会非常爱惜它的,因为他是一个文化经济水平相当高的人。(掌声)

顾客:如若长期折叠,会不会留下痕迹呢?

推销员(女):当然会的,但并不影响屏风的美观。

……

顾客:既然如此,我们就买了。

老师:"锦上添花"最终以2000元的价钱成交。

老师:下面,我们有请石屏推销员上台推销他们的屏风。

推销员(男):大家好!我们是石屏公司的推销员,我们推销的屏风叫"事事如意"。看,它的结构是多么的坚固,造型是多么的奇特,上面的狮子头像是多么的形象啊!这样的屏风摆在您家里,既美观又大方,而且经久耐用。

推销员(女):我们的屏风是用上等的岩石制作的,它最大的优点是坚固耐用,不易破损,您可以把它摆放在室外,显示出主人的尊贵。各位顾客,这么好的东西赶紧购买吧,不要错失良机,我们的底价是3000元。

顾客:说得再好也没有意义,这么笨重的东西搬动多麻烦呀,和锦屏相比太笨重了。

推销员(男):正因为它重,所以才坚固耐用。

顾客:看,上面的图案做工多粗糙,而且装饰也不够精美。

推销员(女):没关系的,这只是一个样品,如果你真心想要,我们会按照你的要求打造,一定会让你满意的。

推销员(男):这位先生一看就是个有眼光的人,相信你绝对不会错过这次机会的,这样的屏风也只有你这样的人才相配,绝不辱您尊贵的身份。(大笑)

顾客:好吧,你能把价钱再降一降吗?

推销员(男):价钱好说,只要你真心想要,你说个价吧!

顾客:2000 元。

推销员(女):先生,你也太狠心了吧,如果这个价卖给你,我们都会被炒鱿鱼的。(笑)

推销员(男):这样吧,你再加点!

顾客:2500,这可是一口价。

(推销员相互商量)

推销员(男):好吧,2500 卖给你。

(掌声)

老师:非常精彩,下面我们有请竹屏推销员上台。

推销员(男):大家好! 我叫刘云飞,我们推销的屏风叫"胸有成竹"。你看这做工是多么精巧,用手摸摸,多么光滑,加上这生命的颜色"绿"色,给了我们无限的希望。

推销员(女):可以把它摆放在卧室,既可以放松心情,又可以感受大自然的气息,我们的屏风是你理想的家居装饰,我们的底价是 2000 元。

顾客:你能说说它的质地吗?

推销员(男):当然可以,它是选用百年竹子,经工匠们精心打造而成的,它可花费了不少工匠师的心血呀!

顾客:做工确实精美,但是色彩过于单一,不够明快。

推销员(女):没关系,这只是样品,我们还有各种竹屏,不知你想要什么样的?

顾客:我比较喜欢粉色。

推销员(男):没问题。

顾客:上面的图案装饰有没有其他的?

推销员(女):当然,我们会满足你的一切要求的。

……

顾客:这样吧,2000 元我买了,你们得给我重新换一种屏风。

推销员:没问题。

老师:很好,我们的推销员都顺利地完成了各自的推销任务,我们向他们表示祝贺。

（集体鼓掌）

老师：通过本次活动，大家有什么收获呢？谁来谈一谈。

学生：我懂得了向别人介绍一件产品，可以介绍它的质地、特点、作用，也可以和同类事物作比较说明。

学生：我知道了在生活中我们应该多观察，发现事物的优缺点，这样在购买东西时才不会上当受骗。

老师：谈得很好。我们应该知道，语文学习与生活是息息相关的，可以说语文无处不在，我也希望大家在今后的学习中多方面积累，努力提高语文素养。

诗词欣赏：

老师：古代有许多文人墨客写了有关屏风的诗句，老师摘录了一些，供大家欣赏。（出示课件）

南朝《闺怨篇》　"屏风有意障明月，灯火无情照独眠。"

李商隐《嫦娥》　"云母屏风烛影深，长河渐落晓星沉。"

柳永《迷神引》　"水茫茫，平沙雁，旋惊散。烟敛寒林簇，画屏展。"

李贺《洛妹真珠》　"金鹅屏风蜀山梦，鸾裾凤带行烟重。"

老师：请大家随着音乐轻声朗读。

我所了解的孔子和孟子

活动目标：

1. 让学生比较全面地了解孔子和孟子，走进这两位先贤的思想世界，亲身体验和了解灿烂悠久的中华文化，培养学生的民族自豪感，从而综合提升学生的人文素养。

2. 综合培养学生查阅、整理、筛选、整合资料的能力，综合培养学生的读写听说能力和合作探究的精神。

活动过程：

一、活动准备

1. 确定活动主题：

(1)阅读教材，明确学习内容与要求。

(2)师生结合实际增删整合学习内容和要求。

(3)师生讨论后分组，推选出小组长。分组分工如下：

编号	组　别	活　动　内　容	活动评价
1	孔、孟小档案甲组	(1)孔子、孟子的生平和主要经历 (2)孔子的弟子和门人	
2	孔、孟小档案乙组	(1)记录孔、孟言行的著作及其对周边国家文化的影响 (2)孔庙、孔府、孔林简介(含图片展)	
3	不朽的孔、孟甲组	(1)孔子的主要思想 (2)孟子的主要思想	
4	不朽的孔、孟乙组	(1)《论语》、《孟子》中的成语 (2)《论语》、《孟子》中的格言警句	

2. 时间安排：15 天。其中收集资料 10 天，整理资料 3 天，准备恰当的汇报形式 1 天，成果展示 1 天。(主要利用课余时间，成果展示为课内两课时)

3. 教师提供一些相关资料或查阅途径，为学生采集信息提供方便。

4. 师生协商，制定活动与评价方案。

活动实施：

1. 制定活动计划。小组长组织本组成员讨论，拟定小组活动计划，明确各自职责，并确定资料搜集的方式，安排好活动时间。教师对各组的活动计划予以及时指导,如有明显不当之处,即与学生一起商讨更正。

2.搜集资料,采集信息。各组按照活动内容,多方面获取第一手资料。

在这一环节中,教师的指导作用尤为重要。一是因为教师提供的书籍和网上下载的内容文字浩繁,学生又只能利用课余时间阅读,阅读量难以达到要求;二是由于学生文言文的阅读能力不强,很多原文即使有白话解说,也很难读懂。为此,教师首先应尽可能多的熟悉资料内容,然后引导学生有选择性地查阅和做笔记。有条件的,还可把学生带到孔庙、孔府、孔林等实地进行参观访问,做访问笔录、写观察日记等。

3.处理资料,整合信息。学生将积累的资料分组集中,进行筛选。教师应帮助学生分析、研究资料的价值,考察其对学生的适宜度。

4.准备汇报材料,确立汇报形式。各学习小组根据本组所取得的成果,自主设计成果交流的形式。首先,在教师的指导下,推选五位主持人(总主持人一名,其余四人可由组长担任)。然后由各小组长组织本组成员讨论决定成果汇报形式(如情景表演、演讲、解说、朗诵、展出等,不拘一格)。

5.成果展示交流。主持人准备好台词,编排好展示程序,各组进行成果交流。教师予以点评、小结。

成果展示实录:

1.教师导入:

同学们,孔子和孟子是春秋战国时期著名的思想家、教育家,在两千多年的封建社会里,被尊为"圣人"和"亚圣"。他们的思想观念,对中国社会产生过深远的影响,甚至远及日本、朝鲜、欧洲等地,在世界文化史上占有相当重要的地位。本单元的综合性学习,便是让大家走近这两位先哲,让他们美丽的光环也闪耀在我们这一代人的心中! 同学们经过两个星期的努力,搜集了大量资料,收获了不少成果。今天,我们将把这个成果展示出来,愿大家在这次交流展示中,获得更多的知识。

(专家点评:教师导入看似多余,实属必要。因为这则导语简要概括了孔孟二人的思想及其影响,重申了学习目的、过程,交代了成果展示的意义,让学生学有方向、学有动力,让读者明确学习过程和展示目的。)

2.学生主持人1:

同学们,五千年灿烂悠久的中华文化曾经在人类文明史上创造过无数的奇迹,孔子和孟子便是这些奇迹中两颗耀眼的明星,他们以超人的智慧、深邃的思想、积极的人生态度,影响了一代又一代的中国人。两个星期来,我们通过阅读、上网查找和请教老师,搜集了有关孔子、孟子的大量资料,并精心编排,今天在这里展示我们的成果,请老师多多指导。和我一起主持这个活动的是四位小组长。首先,大家欢迎"孔、孟小档案甲组"的同学为我们展示。

(专家点评:学生主持人再次强化孔孟二人的思想及其影响、交代学习途径、过程与成果,并简介其他主持人,引出下面的展示内容。)

3.第一组展示:

主持人2:我们小组搜集的是有关孔子、孟子的生平经历,以及孔子的弟子和门人的资料。下面由三名同学展示我们的成果:

生1:(持孔子画像上台)孔子名丘,字仲尼,春秋时期鲁国人。是中国古代最伟大的思想家和教育家。他十五岁立志学习,先后做过吹鼓手、仓库和牧场管理员、小司空(掌管工程)及司寇(掌管刑法),曾拜老子为师;五十多岁后周游列国,宣传自己的政治主张。晚年收徒讲学,并著书立说,编修整理了《诗》《书》《礼》《乐》《周易》《春秋》等书,直至七十三岁逝世。

生2:(持孟子画像上台)孟子是战国时期伟大的思想家,名轲,邹(今山东邹县)人。他幼年丧父,家庭贫困,在母亲的教导下勤奋学习。青年时以士的身份游说诸侯,推行自己的政治主张,后来退居讲学。孟子继承和发展了孔子的思想,提出一套完整的思想体系,对后世产生了极大的影响,被尊奉为"亚圣"。

生3:孟子能成为"亚圣",多得力于他母亲的教诲。孟子的母亲仉(zhǎng)氏一生克勤克俭,含辛茹苦,抚育儿子。孟母教子故事如"孟母三迁""断织教子""杀猪不欺子""为儿媳训子"等广为流传。

生4:据称孔子门人多达三千人,比较出名的就有七十二人。这些弟子及其后学努力传播孔子的思想学说,形成了中国历史上影响最大的一个学派,即儒家学派。"七十二贤人"中,有以德行著称的颜回、闵损,以口才著称的端木赐、宰予,以政事著称的冉求、仲由,以孝道著称的曾参等人。

主持人1:材料充分,生动有趣,可见第一组同学做过不少努力。请第二组展示。

(专家点评:第一组同学从不同侧面展示了本组搜集整合的孔孟的生平、主要经历以及孔子弟子和门人的资料。材料充实,思路清晰,特别是持孔孟画像上台讲述和孟母教子故事的讲述的做法形象而有创意。)

4.第二组展示:

主持人3:我们为大家介绍《论语》《孟子》,以及这些著作对周边国家文化的影响;并请大家欣赏有关"孔庙、孔府、孔林"的图片资料。

生1:《论语》是孔子的弟子或再传弟子记录孔子及其弟子言行的一部书,是研究孔子思想和生平最珍贵的资料,成书大约在战国初期(公元前400年左右)。东汉时,《论语》进入经书行列,成为读书人的必读之书。南宋理学家朱熹将《大学》《中庸》与《论语》《孟子》合编为"四书",其中《论语》被列于首位。元明清六百年间,"四书"一直是科举考试的主要内容。

生2:《论语》对日本、朝鲜甚至欧洲一些国家都产生过深远的影响。据统计,日本现存德川幕府时期的《论语》研究论著就将近九十种。日本近代资本主义"创业者"的涩泽荣一(1840~1931),在从事实业的四十余年里,一直坚持亲自向企业员工讲授《论语》。

十六世纪下半叶,欧洲传教士将《论语》首次传到西方,德国哲学家莱布尼兹、法国启蒙思想家伏尔泰,还有被马克思称"现代政治经济学始祖"的魁奈等欧洲著名人物,对孔子的思想、人格都十分崇拜。直到现在,还有不少西方思想家,力图在孔子学说中寻求解决伦理道德方面问题的启示。所以说,《论语》作为中华民族重要的精神遗产,在古今中外的历史上都产生过巨大影响。

生3:《孟子》是记载孟子及其学生言行的一部书。五代后蜀时,《孟子》开始列入"经书",南宋朱熹编《四书》时列入了《孟子》。元、明以后又成为科举考试的内容,更是读书人的必读书了。《孟子》中有许多长篇大论,气势磅礴,议论尖锐、机智而雄辩,对后世的散文写作产生了深刻的影响。

生4:孔庙、孔府和孔林在山东曲阜市,是规模最大的纪念和祭祀孔子及其子孙的建筑群,欢迎大家到学校橱窗内去欣赏我们搜集到的部分"孔庙、孔府、孔林"图片。(见附录)

主持人1:功夫不负有心人,这一组同学展示的内容丰富、精彩。请第三组展示。

(专家点评:本组所搜集的资料时空跨度大、思路多,又散见于各处,做起来有难度。但群体合作的力量是无穷的,这一组同学展示的成果内容丰富、形式多样。)

5. 第三组展示:

主持人4:我们小组向大家介绍孔子和孟子的主要思想。

生1. 孔子的思想:

(1)孔子的伦理思想——"仁"。孔子思想体系的核心概念是"仁"。"仁"最简单的表述就是"爱人",即对人尊重和同情,它是统摄"义、礼、忠、恕"等德行的最高理想,也是个人修养的最高标准。

(2)孔子的政治理论——"德治"与"正名"。孔子提出"德治"的治国主张,认为统治者应"正己然后正人",以德治民。他把"仁"扩充到政治领域,要求君主爱民,施行仁政。他还提出"正名"的主张,认为上起天子、下至平民,都应安守本分,名实相符,并由此提出"君君、臣臣、父父、子子"的人伦观。

(3)孔子的天命观——敬鬼神而远之。孔子主张"敬鬼神而远之"。他主张祭祀,是对鬼神表示诚敬的意思,至于鬼神是否存在,则可以不问。相对于天命鬼神而言,孔子更注重人事,强调人的主观努力,把探讨和解决人世间的实际问题放在优先地位。

(4)孔子的教育观——

有教无类:他主张教育的对象不应分贵贱贤愚,而要一视同仁,开平民教育之先河。

因材施教:在教学方法方面,他提出"因材施教",重视启发式教育,是现代民主个性化教育和启发式教育思想的源头。

学思并重:在治学方法上,孔子主张学思并重,认为"学而不思则罔,思而不学则殆"。

均衡发展:对于学术的传授,孔子教以"文、行、忠、信"四字,并以"诗、书、礼、乐"等内容教导学生。故孔子之教,可谓重视德、智、体、美的均衡发展。

生2:孟子的主要思想:

(1)性善学说:这是孟子全部思想的基础。孟子认为,人都有恻隐之心、羞恶之心、恭敬之心、是非之心,这四心就是人类文化规范——仁、义、礼、智的萌芽和根本。他认为,一个人如果不愿意向善,那就是"自暴""自弃""自贼"。

(2)"仁政"思想:孟子继承并发展孔子"仁"的思想,从其性善论出发,提出了"仁政""王道"的政治学说。"仁政"就是国君能够"与民同乐",使人民的生活安定。

孟子的"仁政"学说,包含了对人民的重视,即民本思想,也就是说把人民看作是国家政治的根本。这是孟子学说中最光辉的组成部分,是对我国古代人道主义思想的总结和提高。

(3)理想人格:孟子学说中还有不少关于理想人格的思想,如"人皆可以为尧舜";"富贵不能淫,贫贱不能移,威武不能屈,此之谓大丈夫";"生,亦我所欲也,义,亦我所欲也;二者不可得兼,舍生而取义者也"等等,如此种种,都是激励人心、传颂千古的名言。

(专家点评:本组同学把孔孟博大精深的思想条理清晰、通俗易懂的加以阐释,筛选整合资料的难度很大。但他们迎难而上,把《论语》《孟子》中体现出来的主要思想作了深入浅出的阐释汇报,难能可贵。)

主持人1:了不起的孔子!了不起的孟子!第四组的同学为我们准备了精彩的壁报和画展。欢迎同学们去欣赏。

6.第四组展示:

主持人5:请大家欣赏我们组搜集的《论语》《孟子》中的成语和名言警句及孔、孟有关的图片。(资料附后)

(专家点评:本组同学搜集筛选整理《论语》《孟子》中的成语、名言警句和与孔、孟有关的图片,整理筛选打印,办壁报,工作量也不小。但从附录来看,其成果质量是很高的,在帮助学生积累语言、开阔视野方面,功不可没。)

7. 老师总结:同学们在这次活动中收获颇丰,孔子、孟子不会后继无人了! 愿大家多多努力,以这样的学习方式,获取更多的知识,成就更大的业绩! 这次展示活动令人欣慰地结束了,最后一个任务就是请大家以孔子或孟子的某一句名言为题,写一篇议论文,内容不限,题目自拟,600字左右。

(专家点评:**教师总结收获,鼓励上进,布置写作任务,意犹未尽**。)

活动反思:

开展本次活动,我们有以下两点深刻的体会:

1. 在尊重学生主体性的前提下,必须注重教师的指导作用。

这次活动有其特殊性:主题内容离学生生活的时代久远,学生在课内接触孔、孟的知识极少(七至九年级总共只有三篇选自《论语》和《孟子》的课文)。学生搜集资料的渠道比较狭窄,尤其是很多农村中学的学生几乎只能靠教师提供一些资料。加之学生阅读文言文的能力较低,很多内容如果不借助参考资料,连教师都可能弄不明白。在这种情况下,教师的指导作用尤为重要,必须贯穿整个学习过程。

教师在指导过程中应注意:

(1)要阐明活动的目的,激发学生的兴趣,要让学生明白:我们为什么要了解孔子、孟子。

(2)分组和主题的确立要科学,使学生有明确的任务驱动,并能让每个学生都能发挥自己的特长。

(3)应加强对优生的引导和对学困生的指导,让所有学生都能得到不同程度的发展。

2. 信息的筛选整合过程比搜集资料的过程显得更为重要,难度也更大。

活动开展之初,学生感到最大的困难是资料匮乏。但按照教师指导的方法采集信息后,大量的资料又使学生觉得无所适从,理不出个头绪。这时候,教师应对各组学生骨干进行整合资料的培训,甚至参与到某个组的资料整合过程中去，为学生做个示范。整合后的信息要作为成果展示出来，又是一个难点——以前的很多综合性学习活动展示，学生有说有讲、有唱有跳，形式丰富多彩。本次活动的成果以文字资料和图片为主，学生的展示也是以说为主。因此，展示内容的生动性、通俗性非常重要，教师在指导过程中也必须把文字组织能力和口语交际能力的培养放在首位。

附：

一、成语精选

《论语》中的成语精选：

欲速不达《子路》，温故知新《为政》，尽善尽美《八佾》，不耻下问《公冶长》

举一反三《述而》，废寝忘食《述而》，任重道远《泰伯》，杀身成仁《卫灵公》

察言观色《颜渊》，各得其所《子罕》，分崩离析《季氏》，道听途说《阳货》

巧言令色《学而》，见贤思齐《里仁》，文质彬彬《雍也》，怨天尤人《宪问》

《孟子》中的成语精选：

明察秋毫　缘木求鱼《梁惠王章句上》，揠苗助长　出类拔萃《公孙丑章句上》

为富不仁　一傅众咻《滕文公章句上》，自暴自弃　好为人师《离娄章句上》

左右逢源夜　以继日《离娄章句下》，集大成者　金声玉振《万章句下》

一曝十寒专心致志《告子章句上》，生于忧患，死于安乐《告子章句下》

言近指远同流合污《尽心章句下》，出尔反尔《梁惠王章句下》

绰绰有余《公孙丑章句下》，自怨自艾《万章句上》

不言而喻《尽心章句上》

二、名句精选

孔子哲理名言

人生态度

1. 发愤忘食,乐以忘忧,不知老之将至。

2. 有朋自远方来,不亦乐乎?

3. 见利思义,见危授命。

4. 志士仁人,无求生以害仁,有杀身以成仁。

5. 君子坦荡荡,小人常戚戚。

6. 仁者不忧,知者不惑,勇者不惧。

7. 君子谋道不谋食……君子忧道不忧贫。

8. 岁寒,然后知松柏之后凋也。

做人格言

1. 不学礼,无以立。

2. 己所不欲,勿施于人。

3. 己欲立而立人,己欲达而达人。

4. 见贤思齐焉,见不贤而内自省也。

5. 三人行,必有我师焉,择其善者而从之,择其不善者而改之。

6. 吾日三省吾身:为人谋而不忠乎? 与朋友交而不信乎? 传不习乎?

《孟子》名句精选

1. 故天将降大任于斯人也,必先苦其心志,劳其筋骨,饿其体肤,空乏其身,行拂乱其所为,所以动心忍性,曾益其所不能。

2. 穷则独善其身,达则兼济天下。

3. 老吾老,以及人之老,幼吾幼,以及人之幼。

4. 天时不如地利,地利不如人和。

5. 得道者多助,失道者寡助。

6. 民为贵,社稷次之,君为轻。

7. 生于忧患,死于安乐。

8. 富贵不能淫,贫贱不能移,威武不能屈,此之谓大丈夫。

9. 尽信书,则不如无书。

10.生,亦我所欲也;义,亦我所欲也;二者不可得兼,舍生而取义者也。

戏曲大舞台

教学构想:

1.利用课前准备和课堂教学时间,使学生初步了解中国戏曲的有关知识,比如京剧的脸谱知识和各种地方戏的名称、特色等。

2.让学生欣赏中国戏曲名段,感受戏曲的魅力。

3.积累中国戏曲方面的文化知识,激发学生对中国戏曲的情感。

课前准备:

1.提前一周让学生按照兴趣爱好自由分组,共分成山峰队、飞鸟队、十佳少年队等八个小组。每组推选出一名组长。

2.要求学生利用参考书籍及相关网站,搜集中国戏曲的有关知识,学唱经典戏曲段子,绘制脸谱,做好参加"戏曲大舞台"活动的知识上和心理上的准备。

课堂实录:

老师:上课!

学生:起立!

老师:同学们好!

学生:老师好!

老师:大家请坐! 同学们,中国的戏曲,源远流长,有着鲜明的民族风格,是人们喜闻乐见的文艺形式。全国许多地方都有自己的剧种,可谓百花齐放,异彩纷呈。每个地方的戏曲,都具有自己独特的地域文化风情,如京剧的雍容华美,昆曲的典雅精致,梆子戏的高亢悲凉,越剧的轻柔婉转,可以说一方水土造就一方戏曲。今天,就让我们走进民族文化的瑰宝

戏曲天地之中,去感受它博大的内涵,去品味它悠长的韵味吧。(播放课件,背景音乐《唱脸谱》响起)

老师:课前已经布置大家分小组收集整理了中国戏曲的有关知识,相信同学们已经胸有成竹,要一较高下了。下面我们就进入本活动课的第一个板块——智者为王。我先来公布比赛规则,我读完题目说开始后方可举手抢答,每小组每题只有一次答题机会,答对加十分,答错扣十分。请看大屏幕,第一题:中国的戏曲起源于原始社会的歌舞,经过汉、唐到宋、金才形成比较完整的戏曲艺术,它主要是由哪三种不同的艺术形式综合而成? 开始! 山峰队!

生1:中国的戏曲由民间戏曲和滑稽戏综合而成。

老师:山峰队,你们确定吗?

生1:确定!

老师:那么很遗憾,我只能把机会给其他队了,飞鸟队!

生2:应该是民间歌舞、说唱和滑稽戏!

老师:非常正确,请给飞鸟队加十分。好,看第二题! 中国戏曲的角色分哪四大行当? 其中女性角色统称为什么?(题目读完后,马上就有人举手)笨蛋队,犯规了,老师还没说开始呢,很遗憾,这一题你们没有答题资格了,其他小组注意,开始!

老师:十佳少年队!

学生:中国戏曲的角色分生旦净丑,其中"旦"是女性角色的统称。

老师:很准确,我们来看一下答案,请给十佳少年队加十分。来看下一题:在我国戏曲表演中,演员凭借从生活中提炼出的,经过艺术夸张的规范性虚拟动作使观众产生身临其境的感觉,这些虚拟动作有一套基本固定的格式,叫＿＿＿＿＿＿＿动作。开始! 巨人队!

学生:这一题很简单,这种虚拟动作叫做程式化动作!

师(笑):看来难不倒你们嘛。下面一题有难度了,注意听题:我国戏曲讲究用哪四种艺术手段和哪五种技术方法来表现人物? 开始! 笨蛋队!

学生:我国戏曲讲究用"唱念做打"四种艺术手段和"手眼身法步"五种技术方法来表现人物。

老师:非常正确! 加十分! 来看下一题:昆剧,亦称昆曲,产生于明代嘉靖、隆庆年间的江苏昆山。迄今已有四百多年历史。明、清之际,它成为全国最大剧种,主宰剧坛二百余年。我国现存历史较长的地方剧种,几乎都受过昆剧艺术的影响,因此有＿＿＿＿＿＿＿＿＿的雅称。开始! 飓风队!

学生:中国戏曲之母。

老师:很好,加十分! 下一题:京剧是以＿＿＿＿＿＿＿＿和＿＿＿＿＿＿＿＿为主,兼收＿＿＿＿＿＿＿、＿＿＿＿＿＿＿、＿＿＿＿＿＿＿等地方戏精华,因形成于＿＿＿＿＿＿＿＿而得名。开始! 青春美少女队!

学生:以徽调"二簧"和汉调"西皮"为主,兼收昆曲、秦腔、梆子等地方戏精华,因形成于北京而得名!

老师:非常棒,加十分! 下一题:因为京剧是集歌唱、舞蹈、音乐、美术、文学等于一体的特殊戏剧形式,所以京剧被称作＿＿＿＿＿＿＿＿。开始。十佳少年队!

学生:东方歌剧。

老师:很正确,给十佳少年队加十分! 智者为王,勇争第一! 同学们在第一个板块中表现出色,十佳少年队在该板块中表现最出色,分数暂列榜首,我们向他们表示祝贺! (掌声响起)

老师:刚才大家经历了激烈的抢答,现在就让我们放松身心,进入奇文共赏阶段,欣赏几段经典的戏曲段子,再请大家谈谈感受! 首先请出两位主持人! (一男一女两位主持人在掌声中走上台)

主持人1:先请大家欣赏京剧《玉堂春》中的精彩唱段《苏三起解》。

(播放京剧《玉堂春》选段:苏三离了洪洞县,/将身来在大街前。/未曾开言心内惨,/过往的君子听我言:/哪一位去往南京转,/与我那三郎把信传。/言说苏三把命断,/来生变犬马我当报还。)

主持人1:下面请同学们谈谈听完后的感受!

生1:刚才我听到选段中有二胡、京胡的声音。

主持人2:对,这是京剧的特点,大家还听出什么呢?

生2:唱词是北京口音。

主持人1:不错,京剧形成于北京。

生3:我觉得曲调深邃曲折,而且唱歌的这位女性要表现内心的悲伤!从"未曾开言心内惨"这一句可以听出来!

生4:我觉得这位女性应该是一个社会中下层女性,她应该是遭遇悲惨,具有外柔内刚性格的。

主持人2:大家谈得很好,《苏三起解》是京剧的入门段子,同学们若是感兴趣,可以利用课外时间查查资料,了解《玉堂春》的故事情节。下面我们来欣赏黄梅戏《天仙配》选段《夫妻双双把家还》。

(播放《夫妻双双把家还》:树上的鸟儿成双对/绿水青山带笑颜/你耕田来我织布/你挑水来我浇园/寒窑虽破能避风雨/夫妻恩爱苦也甜/从今不再受那奴役苦/夫妻双双把家还。)

主持人1:听完了黄梅戏《天仙配》选段是不是和刚才京剧《玉堂春》选段感受很不一样?哪位同学来谈谈?

生1:感觉乡土气息很重。

生2:对,感觉像是民间小调,曲调悠扬婉转,优美动人。

生3:我觉得曲调真是土得掉渣了,很适合老年人听,但是从唱词中可以感受到这对夫妻很恩爱,他们生活在青山绿水之中,共同劳动,对物质生活要求不高,日子虽然辛苦却很幸福。

生4:我觉得曲调很好听,简单又流畅,好学也好唱。

主持人1:大家说的都有道理,这段曲子之所以有这么强的生命力,就是因为来自不同地域、不同文化背景的人们都可以找到喜爱它的理由。要给大家播放的最后一个唱段是豫剧《花木兰》选段。我们刚刚学过乐府民歌《木兰诗》,相信大家都非常喜爱花木兰这个英姿飒爽的女性形象,就让我们一起来欣赏吧!

(播放豫剧《花木兰》选段:刘大哥讲(啊)话理太偏,/谁说女子享清闲。/男子打仗到边关,/女子纺织在家园。/白天去种地,/夜晚来纺棉,/不分昼夜辛勤把活干,/将士们才能有这吃和穿。/你要不相信(哪)请往这身上看,/咱们的鞋和袜,/还有衣和衫,/千针万线可都是她们连哪!/有许多女英雄,/也把功劳建,/为国杀敌是代代出英贤,/这女子们哪一点儿不如儿男。)

生1:我觉得女子也很不容易,男子在前方英勇杀敌,她们在后方纺织种田,军功章有她们的一半。在当今社会,女性的知识层次提高了,社会地位也高了,对社会做的贡献更大了,在各行各业都涌现出了花木兰式的巾帼英雄,现在的女性真正是顶起了半边天。

生2:我觉得豫剧很有地方特色,语言很生活化、平民化。

生3:我很喜欢花木兰的唱腔,很质朴,很本色,没有女子的娇羞之感,我觉得很符合花木兰的身份和她的性格特点。

生4:我觉得刚才听的这一段戏曲节奏鲜明强烈,不像京剧那么拖拖拉拉,又跌宕起伏,很有韵味。

主持人:同学们点评得很好,豫剧的特点就是保持了自然质朴的风格,具有生活化乡土化的特点和鲜明强烈的节奏,这些正好对应了当今观众的审美需求。下面请老师对我们这个板块做个点评。

老师:同学们能够从唱段的唱腔、曲调、内容、风格等方面点评,有些同学的评点很到位,比如山峰队的同学对豫剧《花木兰》的评点,能够准确地把握住豫剧的特点,这对于平时不大接触戏曲的同学们来说是很不容易的,山峰队同学的活动课准备很充分,这种学习上的主动性和钻研精神是难能可贵的,因此我觉得山峰队是本板块的优胜队,同学们同意吗?

全体学生:同意!（报以掌声）

学生:刚才大家欣赏了几段优美的戏曲段子,听别人唱得有板有眼、有声有色、有滋有味的,同学们一定心里痒痒的,也想上台一试身手。俗话说得好,要知道梨子的滋味,最好亲口尝一尝。那么要知道戏曲的韵味,最好亲口唱一唱,现在就请同学们行动起来,登台献唱! 请上主持人!（掌声响起）

主持人1:大家好! 这个板块有两项活动内容,首先请同学们上台唱戏曲段子,然后请各小队将事先画好的脸谱海报贴到黑板上,我们来进行现场评比。好,活动开始,巨人队的同学们已经披挂好了,我们请他们登台表演!

（一生脸上戴上假胡子,踱着方步上台）

学生:我不会唱京剧,只能给大家模仿几个老生的动作,献丑了（抱拳）!

（表演了踱方步、捋胡子等动作,很大方,同学们报以热烈的掌声。）

主持人2:巨人队学得真像,还有哪位同学愿意上台表演? 有请青春美少女队!

(两位女生在掌声中走上台)

学生:大家好,我们要为大家唱一段《天仙配》。

(表演配以简单的动作,有些紧张,声音略微发颤,动作有些走样,但同学仍给以热烈的掌声)

主持人:表演非常精彩,为我们重新演绎了经典! 现在请各小队队长将事先画好的脸谱海报贴到黑板上,请同学评选出画得最好的海报!

(八个组长将海报贴在黑板上)

生1:我觉得飞鸟队画得最好,他们画的脸谱颜色很鲜艳,勾画得很精细。

生2:我觉得刀光雪影队画得好,尤其是这个美猴王,从这个脸谱就能看出孙悟空很顽皮、机智,他火眼金睛,眼圈用金色和黄色,很醒目,额头上还有佛珠,考虑得很细致。

生3:十佳少年队画得好,笔法工整严谨,人物的喜怒哀乐表现得很生动,性格鲜明。

生4:我还是觉得我们笨蛋队画得好,虽然没有飞鸟队画得精细,也没有刀光雪影队画得生动,但是我们的脸谱画得很像是中国的水墨画,讲究的是神似,看起来洒脱大方。

主持人1(笑):笨蛋队的同学在自卖自夸吧,不过好坏还是大家说了算,请每队派一名代表将你们准备的小红花贴在你们最喜爱的海报上!

主持人2:结果出来了,刀光雪影队为粉墨登场板块的获胜队,我们向他们表示祝贺。(掌声)

老师:刚才大家点评得很好,能够准确地说出各队海报的特点。在我国戏剧史上,经过一代代无数京剧艺术家的努力,京剧成为全国性的剧种,被誉为是"国剧",京剧脸谱随着京剧整体的发展而发展。京剧是中国戏曲文化的集中表现,而京剧脸谱则成为中国戏曲脸谱艺术的代表。到了20世纪,京剧脸谱艺术迎来了更加辉煌的时期,名家辈出,流派纷呈。京剧脸谱在不同流派的名家那里也获得完美发展,结合着表演形成了多种风格流派,有的笔法洒脱大方,结构严谨有气度;有的勾画精细,造型凝重浑厚,笔法洒脱流畅;有的笔法工整细腻,造型峻峭挺拔;有的流派更注重角色性格的体现。京剧脸谱的颜色往往用来象征人物的性格和品质、角色和命运,老师来出个题目考考大家。现在屏幕上打出了四个脸谱,其中有张飞、土行孙、曹操和关公,现在请同学们将人物和脸谱对号入座。

生1:从左到右分别是关公、曹操、张飞和土行孙。

老师:有不同意见吗?

生2:从左到右正确的顺序应该是曹操、张飞、土行孙和关公。

老师:山峰队的这位同学。

生3:我觉得从左到右应该是曹操、土行孙、张飞和关公。

老师:他们三个人谁说得对?

(下面同学意见不一)

老师:请同学们把书翻开到150页,我们一起来读一下京剧脸谱这一节。

学生:红脸含有褒义,代表忠勇;黑脸为中性,代表猛智;蓝脸和绿脸也为中性,代表草莽英雄;黄脸和白脸含贬义,代表凶诈;金脸和银脸是神秘,代表神妖。

老师:现在大家都能一一对应了吧,第一幅脸谱是个白脸,代表凶诈,是曹操;第二幅是个金脸,代表神妖,则是土行孙;第三幅以黑色为主,代表猛智,是张飞;第四幅脸谱为红色,代表忠勇,则是关公。

老师:大家都知道,随着社会生活的发展,电影、电视和影碟机的普及,流行文化在群众文化生活中占据绝对主流的地位,中国传统戏曲艺术受到极大冲击,正在一步步走向衰弱。现在我们进入源远流长板块,请同学们就中国传统戏曲和流行音乐哪个更有生命力的问题展开辩论。每个小队派一名队员参加辩论,在辩论的过程中每个队的队员可以将想到的写在纸条向台上传给本队的辩手。现在请上主持人!

主持人:我们先来认识一下各位辩手!

生1:大家好,我是正方一辩,我来自飞鸟队。

生2:大家好,我是正方二辩,我来自十佳少年队。

生3:大家好,我是正方三辩,我来自于刀光雪影队。

生 4:大家好,我是正方四辩,我来自于巨人队。

生 5:大家好,我是反方一辩,我来自于青春美少女队。

生 6:大家好,我是反方二辩,我来自于山峰队。

生 7:大家好,我是反方三辩,我来自于笨蛋队。

生 8:大家好,我是正方四辩,我来自于飓风队。

主持人:正方的辩题是中国传统戏曲更有生命力,反方辩题是流行音乐更具生命力。辩论规则为正方一辩先发言,接着由反方一辩发言;然后是正、反两方的二辩、三辩轮流发言,发言时间各三分钟;接着进行自由辩论,每队各有四分钟,最后由双方四辩总结陈词,时间为四分钟。现在开始辩论,首先请正方一辩申论。

正方一:世界上有三种典型的戏剧文化形式:一是歌剧,二是芭蕾舞,三是中国京剧。中国戏曲成熟较晚,到 12 世纪才形成完整的形态。它走过了漫长的坎坷不平的道路,经过八百多年的不断丰富、革新与发展,一直继续到现在,表现了旺盛的生命力。在当今中外戏剧文化的撞击与交流中,中国戏曲不仅展示出华夏民族戏剧的浓厚传统,而且对世界未来戏剧艺术的发展也产生着越来越大的影响。因此我方认为中国传统戏曲更有生命力。

反方一:我方认为流行音乐更具生命力,因为流行音乐的旋律优美、多变。最大的特点是它适合用来宣泄情绪,请注意,这里说的是情绪而不是感情,是宣泄而不是表达。流行音乐中器乐作品的特点是节奏鲜明,轻松活泼或抒情优美。歌词多用生活语言,浅显易懂,易为听众接受和传唱。发声方法各有千秋,不受声乐学派的约束,自然亲切,易引起听众的共鸣。流行音乐,它如一群闪烁的星星,一捧永不凋谢的鲜花,永远生活在人们的心中,所以我们认为流行音乐更具有生命力。

正方二:随着社会工业化的发展,中国传统戏剧作为一种高雅艺术形式,它呈现一种“上流化”的趋势。它的基本观众主要是集中在受教育层次较高的中、上阶层,形成较稳定的观众群,这一趋势正在中国大地上缓慢地出现着。期望几亿人看几个大戏的场面已是“昨日辉煌”将不可能再现。但不能就此说中国戏曲就失去生命力了,我国的戏剧是雅俗共赏的。我们说文雅和通俗不是矛盾的,在我国的戏曲中是共存的。中国戏曲的唱词就是诗词歌赋的一种,只是每个时代的诗词歌赋不同罢了。难道诗词歌赋就不是大众的?诗经不是古代的民歌吗?难道只有"一听就懂"的唱词和腔调才是大众所喜欢的吗?大众也是喜欢优美新颖的唱词和腔调的,北京的蹬三轮车的叔叔不是一边蹬车,一边唱"劝千岁杀字休出口""一马离了西凉界"吗?就拿通俗歌曲来说,也有优劣之分,刘欢和毛阿敏的歌为大家喜欢,就是他们的歌词好,曲调也好。

反方二:流行音乐能够让音乐与人,乐队和听众更互动、更自由,人们可以更自由地表现自己。现在的人类思维更广阔、创作更新颖,他们不会受过去音乐风格的束缚,需要尽情、大胆地表现情感。人们爱追求时尚,所以流行音乐更受到人们的喜爱。古典戏曲语言难懂,对于我们这一代,就会感觉很陌生。

正方三:曲高和寡,是一种自然现象,不是说大众就不能懂。过去的京剧艺人,没有机会读书,他们的文化水平较低,但他们为了艺术,很急于提高自己,他们从学戏和演戏中提高自己。我们可以从戏曲中懂得许多诗词和历史。比如,四郎探母里,杨四郎出场念的"引子",谭鑫培改为"金井锁梧桐,长叹空随一阵风",不是又有韵味,又贴切吗?如果把这引子也说"大实话",就好?戏曲是艺术,源于生活而又高于生活,不是吗?再说现在时代不同了,人们的教育水平高了,文化水平在逐步地提高。人们对京剧喜爱不是在增加吗?在每年年三十的中央一套春节文艺晚会播出的同时,中央三套不也在播出戏曲晚会吗?

反方三:请问在座各位同学,大年夜时,你是看中央一套的春节晚会还是看中央三套的戏曲晚会?请看戏曲晚会的同学举起手来。实事求是,请举高一点!(笑)唉!对方辩友,看见没有,都没有人在看戏曲晚会,可见传统戏曲跟不上社会发展的节奏,不被重视,又怎么能论及它在当今社会生命力依然顽强呢?无论何种艺术,都是来源于生活的,脱离了生活,就意味着疏远了观众。那样,不管它多么高雅脱俗,都会缺乏活力,而缺乏活力的艺术又何言生命力呢?

正方二:谁说传统戏曲是脱离了生活,疏远了观众?朱自清先生在四十年代里曾经说过:"真正'雅俗共赏'的是唐、五代、北宋的词,元朝的散曲和杂剧,还有平话和章回小说以及皮簧戏等。"朱先生所说的皮簧戏,就是传统戏曲。

主持人:下面请双方四辩进行总结陈词!

正方四辩:记得去年 5 月 18 日中国昆曲艺术被联合国教科文组织授予"人类口述和非物质遗产代表作"的称号时,老一辈艺术家及艺术爱好者在备感欣喜的同时也曾担忧:优秀传统文化能否为年轻一代所传承?这样的担心确实不无道理。我们知道,一个国家与民族的精神气韵在极大程度上蕴藏在自身独具特色的文化与文明里。唐诗宋词的杰出作者陆游、辛弃疾,京剧昆曲艺术中岳飞、李香君等人物形象,都是对青少年进行爱国主义教育的难得载体。然而,时下我们的教育似乎太过注重于现实,青少年学生由于不懂得欣赏戏曲,只能选择流行音乐,这是极其危险的。振兴戏曲必须培养观众,观众不等于戏迷,更不等于票友,观众是较戏迷和票友要大得多的群落,对于戏曲来说,观众是生存的土壤,票友、戏迷都必须首先成为观众而后为戏迷、为票友。上个世纪 20 年代末,梅兰芳到美国演出,大获成功;2001 年,笔者的老师奎生先生导演的《夜莺》在德国演出,结果演出也很成功。我们可以让外国人喜欢戏曲,为什么不能让中国人喜欢戏曲?同学们,中国戏曲源远流长,具有很强的生命力,我们不能让它在我们的世纪里走向衰亡,弘扬民族文化,传承国粹民魂,等待我们去做的实在太多太多……(长久的掌声)

反方四:各位同学,如果在你面前,放着一张戏票、一张流行音乐会的票,只准选一张,你会选择哪一张呢?很显然,大家会毫不犹豫地选择流行音乐的票。由此可见,虽然古典戏曲的历史悠久,但如今已被快节奏的流行音乐比下去了。传统戏曲的生命力正在减弱,而流行音乐的生命力在增强,所以我方认为流行音乐的生命力更强。(掌声)

主持人:最后请老师点评!

老师:文化是一条不间断的河流,是传统与现实的有机结合体,处于这条河流不同阶段的人们,对传统的价值认定会有相当大的差异。今天同学们的辩论非常精彩,为老师上了一堂生动的文化课,传统与现实在你们的身上进行着激烈的冲击,也使老师认识到做为一个文化的传承者,身上担负的责任的重大。中国传统戏曲需要推陈出新,需要注入新鲜的血液,如果把传统戏曲和流行音乐结合起来,就可以使两者放射出璀璨夺目的光彩！最后我们来听一首歌曲,在这首歌曲中传统戏曲和流行音乐得到了巧妙的结合,就让我们在美妙的音乐声中结束今天的戏曲之旅吧!(播放音乐)

乡 愁

（课前听歌曲——余光中的《乡愁四韵》）

老师:常言道,每逢佳节倍思亲。那么,今天我们来谈论乡愁这个话题。首先我们一起欣赏诗人余光中的《乡愁》。请大家欣赏配乐朗诵,体会诗人的感情。

（播放配乐朗诵）

老师:大家听得很投入,这样的好诗,想不想读?

学生:想。

老师:那好,现在大家就投入地读两遍。

（学生自由地朗读）

老师:老师和大家一样非常爱诗,喜欢读诗,有时感受特别深刻,有时会发现许多新奇的地方,有时则会遇到一些读不懂的地方。不知同学们是否有同感? 现在就请大家把读诗过程中的感受、发现或其他任何一方面的收获说给大家听一听。

（学生分组交流,教师也参与交流。）

老师:同学们愿意把自己的感受说给大家听吗?

学生:读了这首诗我感到特别想家。

老师:想家时怎么办?

学生:给家里打个电话。

老师:可不可以说给大家听一听?

学生:可以。我想说的是:"爸爸妈妈,我很想念你们,不过,我会克制自己的。"

老师:说出了心里话。

学生:我也想家,我觉得和诗人的思想产生了共鸣。

老师：能不能具体地谈一谈？

学生：从第一节诗中可以看出诗人小时候经常给母亲写信，我想家时也会给妈妈写信。

老师：你有什么话要告诉家人吗？

学生：我会用优异的成绩报答爸爸妈妈的。

学生：老师，我发现了这首诗的写作顺序。它是按照"小时候——长大后——后来啊——而现在"这样的顺序写的。

老师：还有补充吗？

学生：每一节中诗人与亲人的距离也不一样。

老师：说得很好。这首诗就是按照时空的变化来组织的。

学生：老师，我还发现诗的每一小节所表达的感情不一样。

老师：说一说。

学生：第一节表达对母亲的思念，第二节表达对妻子的思念，第三节是说母亲去世了，对母亲的思念成了永久的怀念，第四节是说对大陆的思念。

老师：不错。大家有没有看出前三节与最后一节在表达感情方面的不同呢？

学生：前三节表达的是对亲人的思念，第四节升华为爱国之情。

老师：说得非常好。那我们应如何读这首诗呢？

学生：要读出感情的变化——由浅入深。

老师：那好，你能否试一试？生读。（不是很好）

老师：他读得怎么样？

学生：有点快，感情表达不够充分。

（学生读，很投入的样子。读完，其他同学热烈鼓掌。）

老师：太棒了！你能不能给大家介绍一下你读诗的经验？

学生：感情要饱满，语速不能太快。

老师：其他同学还有补充吗？

（学生纷纷发言，略。）

师（小结）：读诗首先要把握好感情，语速适当，还要读出节奏和重音。（板书：感情　语速　节奏　重音）

老师:评价某位同学读得如何,可以从以上四个方面进行。下面请大家四人一组讨论一下这首诗的节奏和重音,然后互相听读,选出读得最好的同学。

(教师,巡回了解各组读的情况,学生积极性很高。)

老师:下面我们开始朗读欣赏,谁先来?

(学生争相朗读,并自由发言评价。约有六七个同学作了范读,大都声情并茂。)

老师:(重点指导)重音并不一定重读,有时根据感情需要应处理为重音轻读。例如"乡愁是一枚小小的邮票"中"小小的"三字读为重音,但不能重读,而应轻读。

老师:在读诗的过程中,同学们和诗人的心沟通了,我们读懂了余光中那殷殷赤子情怀。诗言志,同学们能不能用形象的语言即兴表达出你想家的感觉呢?

(沉思片刻)

学生:我来说几句。小时候/乡愁是一个长长的枕头/我在这头/母亲在那头

长大后/乡愁是一座弯弯的石拱桥/我在这头/母亲在那头

(掌声响起)

学生:小时候/乡愁是一张小小的贺卡/我在泊头/母亲在乔庄

长大后/乡愁是一段遥远的路/我在城里头/母亲在城外

后来啊/乡愁是一封封情书/我在他乡/新娘在家乡

(笑声和掌声同时响起)

老师:太精彩了! 还有想说的吗?

学生:我还有。乡愁/是一列长长的客车/我在里头/亲人在外头

乡愁/是根连根的荷花/把我与亲人连在一起

乡愁/是一本写不完的书/在我心头绵延流动

老师:真为你们的家长和老师感到骄傲,咱们班有这么多的才子佳人。思乡是游子共同的心声。下面请同学们欣赏另一位台湾诗人席慕蓉的《乡愁》。自由朗读几遍,比较席诗和余诗的异同。

(学生朗读,然后讨论,自由发言)

学生：这两首诗都表现了作者的乡愁。

老师：不错，这是两首诗的相同点，除此之外还有吗？

学生：两首诗都运用了比喻。

老师：乡愁本来是抽象的，作者借助于具体的形象把它表现出来，引起读者的联想和想象。

学生：我觉得两首诗在形式上不一样。

老师：能不能具体说说？

学生：余光中的诗分了四节，每节的句数和字数基本上一样多，看上去比较整齐，而席慕蓉的诗看上去参差不齐。

老师：说得非常好。还有吗？

学生：席慕蓉的诗表达感情比较朦胧含蓄，余光中的诗比较直接清晰。

……

老师：同学们说了这么多，老师也忍不住想说说自己的感受。我觉得这两首诗的风格不一样。如果把余诗比作一杯陈年老酒，那席诗就是一杯温热的咖啡。常言说"一千个读者就有一千个哈姆雷特"，大家的感觉是不一样的。你更喜欢哪一首？请用最快的速度把它背诵下来。

（学生积极背诵，约一分钟后纷纷举手。两名同学分别背诵两首诗。）

老师：这节课同学们表现非常出色。有哪位同学愿意代替老师给全班同学留一个作业？

学生：我布置大家将这两首诗背熟。

学生：不好，太俗了。我布置大家将这两首诗对比阅读赏析，并整理到阅读笔记本上。

学生：我觉得我们不能仅限于课本上的知识，我建议大家课下搜集整理余光中和席慕蓉的诗，增加课外阅读量。

老师：这个主意好。不过，老师再补充一点，乡愁是一个常说常新的话题，古今中外有许多脍炙人口的乡愁诗，大家可以把范围放大些，把能搜集到的所有乡愁诗整理成《乡愁专集》。再过一段时间就是端午节了。这个活动就叫"五月初五话乡愁"，大家说好不好？

学生:好!

老师:(放歌曲——佟铁鑫演唱的《乡愁》)伴随着余光中的乡愁,咱们就要说再见了。今后无论走到哪里,同学们都不要忘记故乡,月是故乡明,回家的感觉真好!谢谢大家!愿做你们永远的朋友!

【点评】刘保健老师以他那种学者特有的深刻与浪漫,引领学生巧妙地解读了《乡愁》,为我们提供了现代诗教学的范本。导入简洁,重点突出,在指导朗读这一中心环节,教师巧妙引领,学生思维活跃,积极参与,在"初读——试读——美读——品读"四个环节中把握住了诗歌"朗读、感悟"这一重点,在朗读中欣赏美,再现美。阅读真正成为了师生间思维碰撞和心灵交流的过程。

寻找时传祥

一、导语

有人说现在是知道"周迅"的人越来越多了,知道"鲁迅"的人越来越少了;知道"关之琳"的越来越多了,知道"卞之琳"的越来越少了;知道"马克"的越来越多了,知道"马克·吐温"的越来越少了;知道"比尔"的越来越多了,知道"保尔"的越来越少了;知道"景岗山"的越来越多了,知道"井冈山"的越来越少了;知道"爱情"的越来越多了,知道"艾青"的越来越少了;知道"就要发"的越来越多了,知道"九一八"的越来越少了。

提起时传祥,同学你是不是也有些茫然,那么,请你跟随老师的脚步,去寻找时传祥,了解时传祥……

二、介绍人物

老师:有哪位同学觉得对时传祥还算是比较了解,就来给大家介绍一下。

师巡视课堂,生不语。

老师:看来大家对时传祥真的很陌生。那么我们在学习课文,就来看看到底是什么让人们怀念时传祥？看看他有什么魅力？

（师投影显示时传祥介绍）

关于时传祥：

时传祥，1915 年出生于山东省齐河县一个贫苦农民家庭。因家乡遭遇灾荒，他 11 岁便逃荒流落到北京城郊，受生活所迫当了掏粪工。那时的城市清理厕所主要靠人工来做，因而产生了"掏粪工"这一行业。时传祥的工作就是每天用粪勺挖、用粪罐提、用粪桶背、用粪车运，清理城里的粪便。旧北京城的路非常难走，时传祥每天推着送粪的破轱辘车，由六部口到广安门，再到姚各庄、小井一带。他来回二三十里，常常是"一步三歪，步步打转"。无论刮风下雨，严寒酷暑，他都要每天往返 4 趟。工钱则少得可怜，一个月挣不到 3 块银元。他住的地方更是简陋，13 个伙伴跟一头驴睡在一起，即使这样的住所还时常待不住。他们常常是吃在马路上，睡在马路上，头枕半块砖头，一条破棉裤补了又补，穿了整整 8 年。

在旧中国，城里人的居家生活虽然离不开掏粪工，却又非常瞧不起这一职业。尤其是有钱人，常常把这些掏粪工蔑称为"屎壳郎"。掏粪工不仅受到社会的白眼，还要受行业内部一些恶势力的压榨和盘剥。时传祥在这些粪霸手下一干就是 20 年，受尽了压迫与欺凌。有一次，他给京城的一个大律师家掏粪，干完之后想讨口水喝，谁知那家的阔太太竟然藏起了水瓢，盖严了水缸，让女佣人拿喂猫的盆子给他盛了一点水。日伪统治时期，粪霸逼他去日本兵营掏粪。进门的时候，他因为双手推着轱辘车，无法给站岗的日本兵摘帽敬礼，被日本兵用枪托和皮靴打得遍体鳞伤。日本投降之后，城里又住了美国兵，他们开着吉普车在街道上横冲直撞，有一次竟故意撞翻了时传祥的粪车，撞伤了他的腿。

新中国成立之后，共产党和人民政府清除了粪霸等恶势力，时传祥真正感到翻身得了解放。1952 年，他加入了北京市崇文区清洁队，继续从事城市清洁工作。此时，北京市人民政府为了体现对清洁工人劳动的尊重，不仅为他们规定的工资高于别的行业，而且想办法减轻掏粪工人的劳动强度，把过去送粪的轱辘车全部换成汽车。时传祥所在的崇文区清洁队，就有了 11 辆汽车，清洁工人只需把粪掏好装上车，再由汽车送至郊外。

　　运输工具改善之后,时传祥合理计算工时,挖掘潜力,把过去7个人一班的大班,改为5个人一班的小班。他带领全班由过去每人每班背50桶增加到80桶,他自己则每班背90桶,最多每班掏粪背粪达5吨。管区内居民享受到了清洁优美的环境,而他背粪的右肩却被磨出了一层厚厚的老茧,因此而赢得了人们的普遍尊敬,也赢得了很多荣誉。1954年,他被评为先进生产者,1956年当选为崇文区人民代表,同年6月加入中国共产党。1959年,时传祥作为全国先进生产者参加了在北京召开的全国"群英会",还被选为"群英会"主席团成员,同年被选为北京市政协委员。1964年,他被选为第三届全国人大代表。国家主席刘少奇曾握着他的手说:"你当清洁工是人民的勤务员,我当主席也是人民的勤务员。"

　　"文革"期间,时传祥因与刘少奇的亲密关系等原因受到冲击,被污蔑为"工贼"遭受毒打,于1971年被遣送回山东原籍。1973年8月,周恩来总理得知这一消息后非常气愤,指示立即派人把他接回来治病。他随后被接回北京,于1975年5月19日因病逝世,终年60岁。他去世之前还反复叮嘱,让儿子继承父志,也当一名称职的环卫工人。

　　老师:大家看完了吗?

　　学生:完了。

　　老师:现在谁能来给咱们概括介绍一下时传祥?

　　学生:他是一个清洁工,掏大粪的。

　　(学生笑)

　　老师:(严肃)我看见很多同学笑了,我想问问大家你们为什么笑了?

　　学生:老师,掏大粪的很脏的。

　　老师:如果按你们这个理论,老师完全可以瞧不起你们的父母,因为大部分同学的父母都是农民,如果这样我想你们也不会高兴的。大家说是吗?

　　学生:是。

　　老师:所以,我们不应该用职业来区分对人的态度。越是干艰苦工作的人,越值得我们尊敬。大家现在想一想,时传祥到底是靠什么打动人的?

　　学生:我觉得是他的敬业打动了人,因为现在像他那样敬业的人已经很少了。所以大家都在渴望有时传祥那样的人来工作。

学生:我觉得是他的勤恳。现在的人总说社会风气坏了,但是在说的同时总是在做着破坏社会风气的事。

老师:大家说的都很有道理。老师想起了几年前国家大力宣传的一个人——李素丽,大家说李素丽有没有干什么轰轰烈烈的大事?

学生:没有。

老师:是的,没有。她做好的就是那些很平凡的小事,但她把那些平凡的小事做好了几十年这就不容易了。大家说是吗?

学生:是。

老师:这就和我们学习一样。你可以认真学习几分钟、十几分钟,但是如果几年一直认真学习那就不容易了。正是因为很多人做不到,所以同学们的成绩才有了区别。大家现在结合自己的理解,谈谈作者为什么要加一个副标题——重访精神高原。

学生:大概是因为他的这种精神为大家所推崇。

老师:文中有没有表现这样意思的语句?

学生:有。

老师:是哪一句?

学生:最后一句"大家都能像时传祥那样正直、敬业、实在,该多好"这句话。

老师:从这句话能说明什么?

学生:我觉得从这句话可以看出现在像时传祥那样正直、敬业、实在的人越来越少了,但是大家在心底还是渴望那样的精神的。

老师:理解的非常好。由此我们可以知道,寻找时传祥实际上是寻找?

学生:时传祥身上具有的那种实实在在干活、本本分分做人的精神。

老师:大家想一想,既然人们都渴望这种人的存在,如果我们每个人都能这样和人交往,是不是更能引起心灵共鸣?所以,希望大家在生活中都能认真学习,在和同学的交往中能够以诚相待。

老师:文章的主旨总是通过文本的形式体现出来的,大家在看过这篇课文后有不认识的字和不明白的句子吗?

学生：没有。

老师：是的，这篇文章中运用的语言是明白如话，非常朴实。但它有没有淡的如同白开水呢？

学生：没有。

老师：想一想为什么没有？

学生：我觉得它是用内在的精神打动了我们。

老师：那么这种内在的精神是怎么表现的？

学生：作者通过很多数字和现实结合来体现这种精神。如在列举了北京环卫系统连年招不满工人的数字背后，是环卫局干部颤抖的述说，"仅1994年，我们环卫工人被打事件就多达78起……今天，人怎么这样?!"枯燥的数字背后，是鲜活的生存状态。

老师：说得非常好。另外，艺术细节的选择及运用也与现实很好地结合。作者还原了时传祥所生活的那个年代，也展现了我们现如今生活中与时传祥相联系的一些典型事件，因为真实，两个时代之间的张力也得到了表现，这篇文章也令我们想到奥地利作家茨威格的一句话，"历史是真正的诗人和戏剧家，任何一个作家都甭想去超过它。"在这篇课文中还有很多这样的例子，大家下去后找一找。这节课就上到这里，同学们再见。

学生：老师再见。

应有格物致知精神

老师：同学们，前几天，老师在报纸上看到这样一则消息：四川省的一名女高中生今年以比较高的分数考入了中国科技大学物理专业。入学后，她的高超的计算能力受到了老师和同学们的交口称赞。可是，她做实验的能力非常差，一连三周下来，她竟未能完整地做好一个实验，这又使她的老师大为恼火。这是一个典型的高分低能的例子，造成这个女大学生高分低能的原因是什么呢？今天，我们就来共同学习丁肇中先生《应有格物致知精神》这篇文章，或许，我们能从中找到答案。下面，我们首先对丁肇中先生做一个了解。同学们请看大屏幕，哪位同学给大家读一读？

（学生积极举手,教师指明学生回答）

生读:丁肇中……

老师:丁肇中先生在1999年来到中国科学院作报告,《应有格物致知精神》这篇文章是他的报告的一部分。下面,我们大家放声朗读一下这篇文章,看一看,大家能不能找到造成这个女大学生高分低能的原因。

（学生放声朗读课文,教师巡回指导）

老师:课文读完了,同学们找到造成那个女大学生高分低能的原因了吗?

（学生纷纷举手）

生1:我觉得刚才那个女大学生因为没有格物致知精神,没有实践能力,所以她的动手能力比较差。

生2:我觉得这是因为中国的传统教育没有正确地理解和运用格物致知精神,而中国的学生在这个文化背景之下,也是偏向于理论知识的学习,偏向于抽象思维,而不愿意动手,才造成了那个女大学生高分低能。
（学生鼓掌）

老师:这两个同学回答得非常好,还有没有其他同学补充性地说明以下造成那个女大学生高分低能的原因?

生3:因为中国的传统教育制度只重视人们的理论,只重视思考,而不重视人们的动手能力,因此造成了那个女大学生高分低能。

老师:好,你总结得非常好。实际上,造成了那个女大学生高分低能的原因就是因为她缺少格物致知精神。格物致知精神既然这么重要,"格物致知"这个词究竟是什么意思?

学生:格物致知就是"从探察事物而得到知识"的意思。"格物致知"作为一种精神,是指从探察事物而得到知识的一种精神。

老师:文章中有没有解释?请告诉大家。

学生:有,在57页。

老师:中国寻求知识的过程是主动的还是被动的?

生（齐答）:是主动的。

老师:作者说我们每个人应该有格物致知精神,那么,我们为什么应该有格物致知精神?作者是怎样论述的?

（学生浏览课文,筛选信息,合作讨论,形成一致观点）

生1:我觉得中学生缺少的就是实践精神,这是由传统中国教育导致的中国学生的弱点决定了的。

生2:我觉得文章中已经告诉给我们明确的答案:这是被科学进展的历史和实验的过程证明了的。这也是应付今天的世界环境所不可少的。

生3:前面两位同学总结得很好,我认为作者讲了三方面的道理来证明"我们每个人应该有格物致知精神"这个论点的:道理(1)这是由传统中国教育导致的中国学生的弱点决定了的。道理(2)这是被科学进展的历史和实验的过程证明了的。道理(3)这也是应付今天的世界环境所不可少的。

生4:我觉得前面三位同学的总结忽略了一点,那就是作者还通过举例来证明"我们每个人应该有格物致知精神"这个论点。作者举了王阳明"格"竹子的事例证明"传统的中国教育并不重视真正的格物和致知";举了自己由于受传统教育不知吃了多少苦头的事例,证明受传统教育的中国学生有"偏向于理论而轻视实践,偏向于抽象的思维而不愿动手"的弱点。

师(总结):这几位同学总结得都很好。作者通过"摆事实,讲道理"来证明"我们每个人应该有格物致知精神"这个中心论点的。那么,课文在解释格物致知的含义,分析传统的中国教育的弊病,论述实验精神在科学上的重要性之后,在文章的结尾揭示了格物致知精神真正的意义。真正格物致知精神的意义是什么?

（学生浏览课文,筛选信息,从课文中找出答案）

生(齐读):第一,寻求真理的唯一途径是对事物客观的探索;第二,探索的过程不是消极的袖手旁观,而是有想象力的有计划的探索。

老师:你觉得一个人能够具备"真正的格物致知精神"的关键是什么?

（学生思考、探究、发言）

学生:对事物客观的、有想象力的、有计划的探索。

老师:这种探索是积极主动的,还是消极被动的?

生(齐答):这种探索是积极的,主动的。

师(激情地总结):"真正的格物致知精神"的关键是对事物客观的、有想象力的、有计划的探索。这种探索是积极的,主动的。即我们平时所说的:努力探索的精神,勇于实践的精神,大胆创新的精神。不具备这些精神,就不具备真正的格物致知精神。(学生表示深受启发)

老师:你觉得你具备不具备这种"真正的格物致知精神"?请结合自己的实际经历给大家谈一下。

(学生短暂思考后,踊跃发言)(教师适时点评,肯定学生的说法)

生1:我经过实践后,我才知道了冰的硬,水的软。可见实践精神的重要作用。

生2:我原来不会修钟表,等我翻阅了有关钟表运转的原理后,我又亲自把我的马蹄表拆开重新装了一遍,虽然表走得不准了,但是,我在这其中学到了很多知识。可见,探索精神和实践的精神对我是多么地重要。

(学生大笑)

生3:……

师(充满感情地总结):其实呀,"真正的格物致知精神"就贯穿在我们日常学习生活的方方面面,关键是看我们每个人的头脑中究竟真正有没有探索、实践、创新的精神。只有有了这些精神,我们的生活才是多彩的,我们的思维才是开阔的。江泽民主席曾经说过,实现中华民族的伟大复兴在于创新。特别是改革开放以来,我们的祖国走进了一个令人振奋自豪的新时代。只要我们立足于自己的实际,努力探索,勇于实践,大胆创新,我们就一定能够取得成功,创造辉煌,我们也就一定能够实现我们中华民族的伟大复兴。

(学生信心百倍地鼓掌)

老师:学习完本文后,你一定有很多的收获,你最大的收获是什么?请同学们在课下把自己的收获写下来,并在班内交流。好,下课!

咏春古诗词赛诗会

激趣导入：

（屏幕上连续播放几幅描绘春天美丽景色的图片及班得瑞的《oneday in spring》的音乐）

老师：多么动听的旋律啊！多么优美的意境，多么美丽的春天啊！春天东风和煦、阳光明媚、百花争艳。春天给人无限的生机和无穷的力量。所以古往今来许多画家、诗人都用他们传神的画笔、优美的诗句来描绘春天的景象。同学们，今天，让我们打开关于春天的那扇记忆之门，一起来寻找春天的足迹，感受大自然赋予我们的美景吧。一起来猜一猜、填一填、诵一诵、找一找、画一画古诗词，进行咏春古诗词赛诗会，好吗？（屏幕显示：咏春古诗词赛诗会）

生（齐声）：好

宣布活动规则：

老师：请听好本次赛诗会的比赛规则：全班分成红、黄、蓝、绿四个方队，每个方队由2~3个小组组成；各代表队的基础分均为100分，然后按要求答对一题得10分，答错一题扣10分，最后以积分多少定胜负。比赛设立三个奖项，即最佳合作奖，奖给得分最多的一个方队；最佳主持人奖1名；最踊跃参与奖4名，每个方队各1名。希望大家团结协作、积极动脑、踊跃发言，因为你们才是这课堂的主人。

老师：我宣布：渡村中学初一（8）班咏春古诗词赛诗会现在开始！首先请参赛的四个代表队从左至右依次自报队名、口号。

生（红队）：红队满堂红，红队满堂红！

生（黄队）：黄队必胜，黄队必胜。

生（蓝队）：蓝队合作，蓝队必赢。

生（绿队）：绿队团结，绿队夺冠。

老师:看来各方队都抱着必胜的信心,那么就让我们一起用掌声鼓励我们自己在比赛中取得好成绩。有请主持人 A。

比赛步骤:

一、第一轮:猜一猜——体会春意

(屏幕响起《我悄悄地蒙上你的眼睛》开头两句,屏幕随后显示字幕:猜一猜——体会春意)

主持人 A:比赛现在正式开始,首先进行第一轮,主题就是:猜一猜——体会春意。

(屏幕显示具体要求)

主持人 A:请看屏幕上有 8 个数字,每个数字打开后都是一幅配乐的画。每队任挑 2 个数字,说说用哪首诗可以描绘出画面上的内容及春意并把具体的诗句背出来。全部正确加 10 分。请红队队长先挑。

生 1(红队):1 和 4。

(屏幕显示图 1)

生 2:《春晓》:春眠不觉晓,处处闻啼鸟。夜来风雨声,花落知多少。

主持人 A:对,旗开得胜,恭喜红队,加 10 分。下一题。

(屏幕显示图 4)

生 3:《绝句》:两个黄鹂鸣翠柳,一行白鹭上青天。窗含……窗含……

生 4:我来补充后两句:窗含西岭千秋雪,门泊东吴万里船。

主持人 A:合作成功,回答正确,加 10 分。请黄队选题。

生 5:2 和 8。

(屏幕显示图 2)

生 6:《游园不值》:诗句是:满园春色关不住,一枝红杏出墙来。前面两句不记得。

主持人 A:黄队,哪位同学补充。(黄队同学商量,但无人应。)

主持人 A:很遗憾,减 10 分。其他队同学谁知道?

生 2:我知道,前两句是:应怜屐齿印苍苔,小扣柴扉久不开。

主持人 A:对。请看下一题。

(屏幕显示图 8)

生 7:《黄鹤楼送孟浩然之广陵》:故人西辞黄鹤楼,烟花三月下扬州。孤帆远影碧空尽,唯见长江天际流。

主持人 A:正确,加 10 分,请蓝队选题。

生 8:5 和 6。

(屏幕显示图 5)

生 8:《咏柳》:碧玉妆成一树高,万条垂下绿丝绦。不知细叶谁裁出,二月春风似剪刀。

主持人 A:回答很迅速,很正确,加 10 分。下一题。

(屏幕显示图 6)

生 9:《早春》:天街小雨润如酥,草色遥看近却无。最是一年春好处,绝胜……绝胜……哎呀,我们蓝队谁知道最后一句? 快起来说。

主持人 A:真可惜。最后一句是"绝胜烟柳满皇都"。减 10 分。还剩下 3 和 7 两题,请绿队答题。

(屏幕显示图 3)

生 10:去年今日此门中,人面桃花相映红。人面不知何处去,桃花依旧笑春风。题目是……不记得了。

主持人 A:都摇头,都不知道。题目是《题都城南庄》,很生疏,是吧? 能记住诗句也不简单,但据规则还是要减 10 分。请看下一题。

(屏幕显示图 7)

生 11:《惠崇春江晚景》:竹外桃花三两枝,春江水暖鸭先知。蒌蒿满地芦芽短,正是河豚欲上时。

主持人 A:非常正确,加 10 分。目前绿队、蓝队、黄队分数都是 100 分,红队是 120 分,第一轮红队领先。下面进入第二轮:填一填。

二、第二轮:填一填——欣赏春景

(班德瑞的《heaven's gate》音乐响起,屏幕显示:第二轮:填一填——欣赏春景。然后显示具体要求。)

主持人 B:俗话说"春到人间万物鲜",春花春鸟,春草春虫,春风春雨,春日春夜,无处不是春,无时不是春。第二轮便带领我们欣赏春景,要求在诗句的空白处填一种春花或春鸟的名称。这是抢答题,题目一显示,即可抢答。每队派两名选手作为抢答代表,抢到答题权后可由本队任一选手作答。答对加 10 分,答错减 10 分,其他同学补充对错不算分。犯规减 10 分。请注意看题。

(屏幕显示题目:1. 草长_____飞二月天,拂堤杨柳醉春烟。)

生 8(蓝队):莺。

主持人 B:加 10 分。注意看下一题。

(屏幕显示题目:2. 两个鸣翠柳,一行_____上青天。)

生 12(红队):黄鹂、白鹭。

主持人 B:加 10 分。看下一题。

(屏幕显示题目:3. 春色满园关不住,一枝_____出墙来。)

生 13(红队):红杏。

主持人 B:又加 10 分。请看题。

(屏幕显示题目:4. 借问酒家何处有,牧童遥指_____村。)

生 14(绿队):杏花。

主持人 B:加 10 分。看来这一轮简单,大家可要抓住机会。好,请仔细看下一题。

(屏幕显示题目:5. 人间四月芳菲尽,山寺_____始盛开。)

生 15(黄队):桃花。

主持人 B:加 10 分。下一题。

(屏幕显示题目:6. 落花人独立,微雨_____双飞。)

生 16(黄队):鸟。

主持人 B:错误。应填"燕",减 10 分。请看第 7 题。

(屏幕显示题目:7. 春无踪迹谁知? 除非_____问取。)

生 15(黄队):燕子。

生 17(黄队):不对,填"杜鹃"。

主持人 B:都错了。应填"黄鹂"。减取 10 分。请注意抢答最后一题。

(屏幕显示题目:8. 城中桃李愁风雨,春在溪头_____花。)

（无人抢答）

主持人 B：看来最后一道是难题。应填"荠菜"。现在看一下经过第二轮后各队的得分情况：红队 140 分，黄队 90 分，蓝队 110 分，绿队 110 分。依旧是红队领先。希望其他各队再接再厉，争取在第三轮"诵一诵"中超过红队。现在转入第三轮。

三、第三轮：诵一诵——感悟春情

（响起班德瑞《my song for you》的音乐。屏幕显示：诵一诵——感悟春情。然后显示具体要求。）

主持人 C：阅读古诗词要善于探究和体会诗人们的种种情怀。王国维云：一切景语皆情语。春景是客观存在的，但诗人往往通过借景抒情、寓情于景、以景喻情、情景交融、托物言志等手法来表达自己主观感情。有喜春，也有悲春；有伤春，也有爱春；有惜春，也有怨春，总之是春情绵绵。现在屏幕上有四张笑脸，请各队队长选一个，打开后根据提示的一种感情，也就是喜、悲、伤、爱、惜、怨六种春情中一种，来朗诵一首符合所提示感情的诗或词，要有题目、完整的诗句或词句，还要朗诵出感情。这次请绿队队长先选题。

生 10：第四个笑脸。

（屏幕显示题目：喜春。）

生 18：《春夜喜雨》："好雨知时节，当春乃发生。随风潜入夜，润物细无声。"

主持人 C：恭喜，答对了！加 10 分。绿队同学都笑一笑。请蓝队队长选题，希望你们也能笑一笑。

生 8：第一个笑脸。

（屏幕显示题目：伤春。）

生 8：《春望》："国破山河在，城春草木深。感时花溅泪，恨别鸟惊心。"

主持人 C：蓝队同学听好：笑一笑，笑一笑，加 10 分。黄队可要加油，一定也要争取笑一笑，请黄队队长选题。

生 5：第二个笑脸。

（屏幕显示题目：爱春。）

生19：《忆江南》："江南好，风景旧曾谙。日出江花红胜火，春来江水绿如蓝。能不忆江南？"

主持人C：黄队同学已经笑了。加10分。请红队同学注意看第三个笑脸打开后的题目。

（屏幕显示题目：怨春。）

（红队想了一会儿，无人回答。）

主持人C：看来真的有点怨了，让我们不能满堂笑。还要让我忍痛决定减去你们10分。不过，我相信下一轮你们会拿出精彩的表现。掌声鼓励。现在看看经过第三轮角逐后的各队得分情况：红队130分，黄队100分，蓝队120分，绿队120分。现在看来四队旗鼓相当，但是进入第四轮后，差距就会拉开。下面有请主持人D，让他来带大家过第四关：找一找。

四、第四轮：找一找——感受春趣

（响起《找呀找，找朋友》的音乐，屏幕显示：找一找——感受春趣。然后显示具体要求。）

主持人D：春意春景春情浓，诗句词句妙句多。现在我带大家进入赛诗会第四轮：找一找——感受春趣。要求各队在答题板上写出含有"春"字的诗句或词句，越多越好，限时5分钟。写对一句加10分，不允许有错别字。各队做好准备，开始！

（各队认真答题。5分钟后）

主持人D：请各队亮题板。下面邀请我们的张老师来评分。

（张老师评完一队，报一队的分数。）

老师：红队答出18句，答对16句，加上160分。

老师：黄队答出17句，答对14句，加上140分。

老师：蓝队答出16句，答对15句，加上150分。

老师：绿队答出23句，答对20句，加上200分。

主持人D：让我们用掌声感谢张老师的评判。现在看看各队的得分情况：红队290分，黄队240分，蓝队270分，绿队320分。这一轮各队的分数差距真的拉开了。目前绿队领先，恭喜绿队。不过，最佳合作奖到底花落谁家,还要看最后一轮"画一画、照一照"的角逐。遗憾的是我不能带领大家进行第五轮的比赛,先祝大家好运。有请主持人E,大家欢迎。

五、第五轮:画一画、照一照——感受春天的如诗如画

主持人E:大文学家苏轼曾高度评价王维的诗,说其"诗中有画,画中有诗"。我觉得中国咏春的古诗词更是"诗中有画,画中有诗"。现在请大家看屏幕,我将引领大家观看各队参赛的绘画及照片。这轮比赛,你们都是评委,请注意评判除自己队作品以外的画或照片与所配的诗是否恰当,是否图诗并茂。并从中挑选出你认为最好的一幅画和一张照片,参与我们最后的举手表决。制作最好的画或照片的队将加上20分。现在请大家伴随着《春天》优美的音乐欣赏。

(学生认真欣赏2分钟)

主持人E:怎么样?看来各队都拿出了看家本领,制作的都很好。不过,我们还是要以挑剔的眼光来比较和评判谁是最好。下面请举手表决。认为第一幅画是最好的请举手。注意制作这幅画的队的同学不要举手。

(学生举手表决,主持人E计数)

主持人E:第一幅画8人举手。第二幅,请举手表决。

(学生举手表决,主持人E计数)

主持人E:第二幅画11人举手。第三幅,请举手。

(学生举手表决,主持人E计数)

主持人E:第三幅7人举手。第四幅,请举手。

(学生举手表决,主持人E计数)

主持人E:第四幅14人举手。很显然,第四幅举手的同学最多,那第四幅就是最好的一幅。给绿队加上20分。下面请举手表决第一张照片。

(学生举手表决,主持人E计数)

主持人E:第一张照片12人。第二张,请举手。

(学生举手表决,主持人E计数)

主持人E:第二张照片9人。第三张,请举手。

(学生举手表决,主持人E计数)

主持人E:第三张照片7人。第四张,请举手。

（学生举手表决，主持人 E 计数）

主持人 E：第四张照片 10 人。好，第一张照片举手人数最多。给红队加上 20 分。经过这最后一轮的举手表决，看看各队的最后得分情况：红队 310 分，黄队 240 分，蓝队 270 分，绿队 340 分。绿队得分最高，荣获最佳合作奖。掌声祝贺！下面有请张老师发奖并评选最佳主持人奖，最踊跃参与奖。

比赛小结：

老师：中国是一个诗的国度，在你们如诗的嘉年华，在这如春的好时节吟咏这些古诗可谓恰逢其时。从你们浓厚的兴趣、踊跃的参与、精彩的回答中，我感到教室内外同样一片春意盎然，我由衷的感到兴奋和喜悦。首先颁发最佳合作奖，让我们用掌声祝贺他们。

（张老师颁发奖品：绿队每人一本《中学古诗文名句选》。）

老师：1 名最佳主持人奖；每个方队 1 名最踊跃参与奖颁给谁呢？请各方队马上商议投票决定，并把最后结果报给我。

（各方队学生商议投票并相继报给张老师。）

老师：现在我宣布最佳主持人是×××。最踊跃参与奖是×××，×××，×××，×××。掌声祝贺他们，请以上同学上来领奖。

（张老师颁发奖品：每人一个笔记本。）

老师：今天比赛已接近尾声。短短的课堂 45 分钟是有限的，可是我们课外学习语文的时间是无限的；课堂上学习语文的知识是有限的，可是我们生活中的语文学习是无限的。我们还有一场比赛请大家利用课余时间进行。那就是各方队要出一期"中国咏春古诗词专刊"手抄报，每人填写一份活动情况总结表。获胜方队要负责写一篇新闻稿，向校广播站投稿，报道本次比赛情况。最后，我把一首写我们江南春天美景的诗，白居易的《忆江南》，唱给大家听，希望在这明丽欢快的江南的春天，你们这一群阳光少年，能去中国浩荡诗海中做一条条小鱼，去欢快畅游一番。会唱的跟着唱。

（老师和学生同唱《忆江南》。在歌声中比赛结束。）

岳阳楼记

教师:前几天,我上网看到这样一则消息:有一个日本旅游团游览寒山寺后,向苏州市政府提议,要为张继铸一枚一吨重的金质奖章,以表彰他及不朽的《枫桥夜泊》。因为《枫桥夜泊》,寒山寺成了一座著名的文化公园。同样,湖南岳阳市的岳阳楼,由于北宋范仲淹的一篇《岳阳楼记》而名满天下,成了中华民族的一座"文化楼""精神楼"。今天我们就来学习《岳阳楼记》。

(板书:课题、作者、文化楼、精神楼)

教师:学课文之前,我们有必要了解包括岳阳楼在内的中国古代四大名楼的一些概况。请上网搜集资料的同学简单介绍一下。

生1:我国古代四大名楼指湖南省岳阳市的岳阳楼、江西南昌的滕王阁、湖北武昌的黄鹤楼和山东的蓬莱阁。

生2:不是蓬莱阁,应该是鹳雀楼。

教师:一般说来,应该是山西的鹳雀楼。

教师:(继续)我提的问题是:你能列举出有关四大名楼的诗歌吗?

(学生神色兴奋,议论纷纷,但背诵不出)

教师:被称为全唐诗的第一首、王之涣的《登鹳雀楼》,开头一句是"白日依山尽——"

学生:黄河入海流。欲穷千里目,更上一层楼。

教师:李白有一首《黄鹤楼送孟浩然之广陵》,怎么说?

(学生七嘴八舌,背不出的急得跺脚)

学生:故人西辞黄鹤楼,烟花三月下扬州。孤帆远影碧空尽,唯见长江天际流。

教师:唔,不错。初二时我们还学了崔颢的《黄鹤楼》,开首一句是"昔人已乘黄鹤去——"

学生:此地空余黄鹤楼。黄鹤一去不复返,白云千载空悠悠。(声音参差不齐,有学生笑了。教师提醒)——晴川历历汉阳树,芳草萋萋鹦鹉洲。日暮乡关何处是,烟波江上使人愁。

教师:前面学,后面忘,真是:"书到用时方恨少"啊。可见,平时的积累是多么重要。余下的,老师给你们简单搜集了,请看——(投影四大名楼及诗篇等)

教师:关于滕王阁,最著名的莫过于王勃的《滕王阁序》,里面最著名的是"落霞与孤鹜齐飞,秋水共长天一色。"今后大家上高中或大学,肯定要学到。所以啊,书是一定要好好读的。至于岳阳楼,《岳阳楼记》是我们马上要学的。现在我想考考大家的是:这四大名楼中哪一座不属于我们江南?

(学生兴奋,注意力集中,小声猜测)

生1:是滕王阁。

生2:不对,滕王阁在江西,在长江一带。

生3:是鹳雀楼,因为它在山西,在黄河一带。

教师:很好,你们的地理概念还是蛮清晰的。所以啊,学习语文,上至天文,下至地理,无所不包。下面,我还想请同学介绍一下本文的作家作品、写作背景。

生1:范仲淹(989～1052),字希文,吴县人,1015年进士,是仁宗时政治改革派的中心人物,深为欧阳修钦佩和拥护。景佑年间被贬饶州;庆历新政失败后,贬邓州、杭州、青州等地。范仲淹在当时的士大夫中声望极高,他的文学创作也很有成就,写景抒情文《岳阳楼记》,是我国古代散文中盛传不衰的登临杰作;他以政治家、军事家特有的情怀创作的《渔家傲》,突破了词专写男女风月的界限,开苏轼、辛弃疾豪放词之先河。但可惜,范仲淹创作的数量不是太多,因此,我们学习他的文章,会倍觉珍贵。

庆历新政失败后,范仲淹贬居邓州,此时他身体很不好。昔日好友滕子京从湖南来信,要他为重新修竣的岳阳楼作记,并附上《洞庭晚秋图》。范仲淹一口答应。庆历六年六月,他就在邓州的花洲书院里撰写了著名的《岳阳楼记》。范仲淹用洗练优美的文字描绘了洞庭湖波澜壮阔的景色,尤其是阴晴变化引起登临者的或喜或悲之情,归结到"古仁人之心"的"不以物喜,不以己悲",故当以"先天下之忧而忧,后天下之乐而乐"为己任,表现作者虽身居江湖,心忧国事,虽遭迫害,仍不放弃理想的顽强意志,同时,也是对被贬战友的鼓励和安慰。这跟欧阳修写作《醉翁亭记》有异曲同工之妙。"先天下之忧而忧,后天下之乐而乐"这两句话,概括了范仲淹一生所追求的为人准则,是他忧国忧民思想的高度概括。从青年时代开始,范仲淹就立志做一个有益于天下的人。为官数十载,他在朝廷犯颜直谏,不怕因此获罪。他发动了庆历新政,这一政治改革,触及到北宋的政治、经济、军事制度的各个方面,虽然由于守旧势力的反对而失败,但却开了北宋士大夫议政的风气,传播了改革思想,成为王安石变法的前奏。

教师:你介绍得十分全面,告诉大家,这段资料从哪里来?

生1:就是老师你写在《常州教育报》上的,大家手头都有。(学生们笑起来)

教师:所以,上网、读报,也是我们获取语文知识的一个途径。下面,请大家仔细听老师朗读,感知文章写了哪些内容。

(教师充满激情地朗读全文,学生听得很专注,听完了,大家呼出了一口气。)

教师:请大家集体朗读全文,要求读出节奏和气势。

(学生集体朗读)

教师:还不错,太快了点。请看小黑板,哪位同学上来完成拼音汉字互写?

(一学生上去书写,其他同学指指点点,表示有意见)

教师:有不同意见的,请说明。

(学生纠正两处错误)

教师:我这儿有两副对联:(出示投影)

洞庭西下八百里,四面河山归眼底,

淮海南来第一楼。万家忧乐到心头。

请大家选择:如果形容岳阳楼气魄雄大,该选哪一则;如果用来概括全文内容,哪一则最恰当?(学生又开始议论)

学生:前者选第一则对联,后者可以概括全文内容。(大多数学生赞同)

教师:既然这样,这"四面河山"可以具体到文中哪些段落呢?

生1:第二小节开头到"此则岳阳楼之大观也"。

生2:第三小节也是。

生3:第四小节还是。

教师:(板书写景部分)岳阳楼有此"大观",才会让"迁客骚人""多会于此",这里优越的地理条件体现在哪八个字上?"迁客骚人"看到不同的自然景物产生的思想感情如何呢?(学生寻求答案,举手了)

生1:"北通巫峡,南极潇湘"是说它交通便利,所以迁客骚人很容易来。

生2:当他们看到阴沉沉的天气和萧条的景色时,心情就很坏,文中用"满目萧然,感极而悲者矣"来概括。

生3:当他们看到春和景明的景色时,就"喜气洋洋",端起酒杯喝起酒来了。(学生笑)

教师:很好,能各用原文中的一个字来概括他们的感情吗?

生1:(集体)"悲"和"喜"。(声音拖得很长,教师板书两字)

教师:不错。请大家鉴赏一下这幅画,是黄红同学画的,怎么样?

(学生伸长脖子看,议论)

生1:上面画了几只破船,还有阴沉沉的天色、湖水。就是没把"浊浪排空"画出来。

生2:还可以,那个颜色好。

教师:我同意,如能画出"浊浪排空"的样子,那就更好。大家继续思考,作者写"迁客骚人"的"悲喜"之情,仅此而已吗?

学生:不,是为了写后面的"古仁人",写他们"不以物喜,不以己悲"的感情。

教师:你能解释这话的意思吗?

学生:意思是"不因外物的好坏和自己的得失而或喜或悲"。这跟"迁客骚人"的感情不一样。

教师:很好。(板书)具体说来,"古仁人"的"不以物喜,不以己悲"怎么理解?

学生:(集体,迫不及待)"居庙堂之高则忧其民,处江湖之远则忧其君。是进亦忧,退亦忧"。

教师:意思是——

学生:(集体,整齐不够)在高高的朝廷做官,就担忧他的老百姓;不在朝廷做官,就担忧他的君主。这样做官也担忧,不做官也担忧。

教师:不错,你们预习得真不错。我再问大家一句,这"古仁人"整天担忧,他们就没有快乐的时候了吗?

学生:(集体)不,他们在应该快乐的时候才快乐。(有一部分人笑起来)

生1:应该是"在天下人忧愁之前先忧愁,在天下人享乐之后再享乐"。

教师:对。如果我们来分析两者忧乐的出发点,那么"迁客骚人"是"个人忧乐",而"古仁人"应是怎样的呢?请用上面对联中的四个字回答。

学生:应是"万家忧乐"。

教师:很好。(板书)我们来总结一下:本文并非单纯写景,写景是为了引出"迁客骚人"及他们的"悲喜"之情,而这又是为了引出后边的"古仁人"及他们"不以物喜,不以己悲"的高尚情操。两者形成鲜明的对比,作者的思想倾向显而易见。最后自然得出"先天下之忧而忧,后天下之乐而乐"的主旨句,真正做到了"水到渠成"。

教师:理清了文章的脉络,把握了作者的思想感情,下面我们再来读文章,会读出更多的感情来。

学生:有感情地集体朗读。

教师:大有进步。我们想啊,一千多年前的封建士大夫能吃苦在前,享乐在后,能时时处处忧国忧民,这种闪烁着民族精神的人格力量对我们后人是一种鞭策,是一种教育。回望中华民族几千年灿烂的历史,这样的人物数不胜数。你能从我们学过的古诗文中找出这样的例子吗?(学生相互商量)

生1:唐朝李贺的"男儿何不带吴钩,收取关山五十州"。

生2:南宋陆游的《示儿》说____"但悲不见九州同____"(背不出,教师带领大家一起背)

生3:陆游的《十一月四日风雨大作》也是。(集体背)

生4：杜甫的《茅屋为秋风所破歌》里"安得广厦千万间,大庇天下寒士俱欢颜,风雨不动安如山"也是。

教师：多好的例子,典型的"万家忧乐"!

学生：还有屈原。屈原用自己的生命来书写爱国爱民的篇章,令我们肃然起敬!（学生举出更多的例子）

教师：举了这么多例子,我们也应从中受到教益,不断修正自己的人生观、价值观。下面是老师给大家搜集的这方面的格言,请大家读一读,品一品,课后摘录下来。（出示投影片,学生在教师带领下集体读,情绪激昂。）

儒家学说：修身齐家治国平天下

陆游：位卑未敢忘忧国

明朝东林党人：风声雨声读书声,声声入耳。

家事国事天下事,事事关心。

清朝顾炎武：天下兴亡,匹夫有责。

孙中山：天下为公

毛泽东：粪土当年万户侯

周恩来：为中华之崛起而读书

中国共产党人：解放全人类

教师：今天的课就上到这儿,请大家课后以两人小组为单位,口译全文,不懂处做好记号。下课!

在烈日和暴雨下

1999年11月,我曾在外地借班上了一堂课,教《在烈日和暴雨下》。上课伊始,我问学生们："你们喜欢《在烈日和暴雨下》这篇课文吗?"几乎全班学生都说："喜欢。"我高兴地说："嗯,我也很喜欢这篇课文,这的确是一篇很好的文章。——可是,有没有不喜欢这篇文章的呢?"这时,前排靠边的一个男同学勇敢地举起了手,他明确说他不喜欢这篇文章。我问他为什么不喜欢这篇文章,他说："我觉得这篇文章里面有许多词语用得不太好。"为了说明他的这个观点,他还举了好几个例子。我当即满腔热情地表扬了他:"同学们,虽然我个人并不同意这位同学的观点,但是,我非常赞赏他的这种精神,因为他敢于向大多数人说'不'。这种不盲从多数,不迷信权威的精神,就是独立思考的精神。同学们应该向他学习!"

我郑重提出:"这堂课希望同学们能够独立思考,勇于发表不同看法。"

这堂课就以这种方式拉开了序幕。

我问学生:"这篇课文是我学还是你们学。"学生答:"是我们学。""对啊,"我乘势说道,"既然是你们学,你们就不要老指望老师讲多少,而应该由你们自己来讲。"

我先请同学起来说说自己在阅读过程中遇到的生难字,可能是由于比较紧张,没有同学举手。我说:"没人问我,那我就问你们吧!——请问'枝条都像长出一截儿来'的'长'怎么读?"开始有学生发表看法了:有的说读"zhang",有的是说读"chang"……经过辨析大家认为正确的读音应该是"chang"。根据同样的方式,同学们还弄清了"拿起芭蕉扇扇扇"这一句中三个"扇"字的不同读音。

"很好!"我鼓励道,随即又说,"同学们自己弄清了一些字的读音,这只是阅读文章的第一步。读了这篇文章,同学们有没有什么初步感觉或第一印象啊?现在可以随便谈谈。"

学生开始活跃了:"我觉得这篇文章写景特别好。""我觉得文中的比喻用得特别好!""还有拟人也很生动。""文中的一些动词特别准确。""我读了以后,感到祥子太令人同情了。"……学生们七嘴八舌,纷纷举手发言。

"太好了!"我夸奖道,"你们看,我对这篇文章一个字都还没有分析,你们就读出了这么多的味道。看来你们的能力是不可低估的啊!"不少学生得意地笑了。

"不过,"我话题一转,"对一篇文章的欣赏,还不能仅仅停留在一般的初步感觉上,我们还应该进一步进行研究。那么,从何入手呢?咱们从问题入手吧!——现在我想了解一下同学们对这篇文章都提出了哪些问题?同学们的问题提得越多,说明你们钻研得越深。"

出现了短暂的沉默,因为大家都在思考。不一会儿,不少学生举手发问了:"'就跟驴马同在水槽里灌一大气'的'一大气'是什么意思?""祥子为什么'明明心里不渴,可见了水还想喝'?""'一切都不知怎么好似的,连柳树都惊疑不定地等着点什么',这话怎么理解?""'肚子里光光光地响动'的'光'字是不是用错了? 我觉得好像应该写成'咣'。"……短短的时间内,学生一口气提出了十多个问题。显然,他们的思维已经进入燃烧的阶段。

这些问题怎么解决呢? 我没有也不想以"权威"自居而给学生们"指点迷津"。我把这些问题又抛给学生自己讨论研究解决,在这过程中我只是以平等的一员参加他们的讨论,并发表我个人的看法(注意:只能是个人的一家之言)。事实证明,学生是完全有能力通过思考自己这些疑问的。

问题解决了,我又让学生提新的问题。我在等待时机,等待着学生经过深入钻研,提出一个带动全篇理解的关键问题。而且,我有这个信心:只要引导学生一步步深入思考,这样的问题他们一定能提出来的。

果然,一位男生提了这样一个问题:"课文结尾,作者为什么要用'哆嗦得像风雨中的树叶'来形容祥子呢?"

好,机会到了! 我接过他的问题说:"是呀,为什么要用风雨中哆嗦的树叶来形容祥子呢? 而且在文中,老舍先生不止一次写到烈日和暴雨下的柳叶,这究竟是为什么呢?"我停了一下,看着学生们一双双思考的眼睛,我又说,"我个人认为,树叶这个形象在文中已经不完全是自然界的一个形象,老舍写树叶显然是有着某种特殊的意义。老舍是通过写树叶在写人——当然,不仅仅是树叶,还有对自然界其他景物的描写都不是纯客观的写景。"

我提高了声音说:"咱们这堂课就来研究这个问题吧! 弄清楚了这个问题,刚才那个同学的问题就好理解了。"

这时,我才开始板书课题,我有意把"在烈日和暴雨下"写成"在暴雨和烈日下"。

我刚一写完,学生就嚷起来了:"错了,错了! 应该是'在烈日和暴雨下'而不是'在暴雨和烈日下'! 老师您刚好写反了!"

听到学生们激动的声音,我真是很高兴,因为学生们敢于当众指出老师的错误。看来,我刚开始上课时那番话没有白讲。

但是,我故意不认错:"我没有错! 是的,我写的课题是和书上不一样,但意思都是一样的。——你们看,'烈日和暴雨'是什么短语?"我有意引学生"上钩"。学生异口同声地答:"并列短语!""对了!"我很得意地说,"既然是并列短语,那么连词前后的部分并没有主次之分,当然就可以颠倒一下啦! '烈日和暴雨''暴雨和烈日',都差不多嘛!"

"不对!"一位女同学似乎有些激动,她说着便站了起来,"题目取为'在烈日和暴雨下'而不是'在暴雨和烈日下',这是有道理的! 因为课文先写的是烈日后写的是暴雨,这既是天气变化的顺序,也是课文的大体结构。怎么能够随便颠倒呢?"

"哦!"我故作恍然大悟状,"嗯,同学们言之有理。看来,'烈日和暴雨'还真不能颠倒。好,我接受同学们的看法。谢谢同学们!"

学生们觉得自己获得了胜利,脸上露出了笑容。

"刚才,同学们提了许多问题。现在,能不能让我也提点问题?"我问学生们。他们点头表示可以。于是,我问:"作者为什么要写烈日和暴雨?"

"烘托祥子的苦难生活嘛!"学生们说,他们觉得这个问题太简单了。"可是,问题就出来了,"我进一步,"为什么一定要写烈日和暴雨才能反映其苦难生活呢? 自然气候本身就有人的情感呢,还是作者借自然景物来表达自己的思想感情呢? 把祥子放在春天、秋天和冬天又行不行呢?"

这一下子把学生给问住了。教室里又出现沉默。

我开始引导:"这样吧,我们先把这个问题放在一边,还是从课文入手,着重研究作者集中写烈日和暴雨的段落——也就是第2段和第11段。同学们先把这两段文字朗读一遍,然后思考,并和同桌讨论:这两段文字有什么异同? 这两段文字是怎么写的? 突出的是什么?"

于是,课堂上顿时响起了琅琅书声;之后是同桌学生无拘无束地讨论的声音,我则来回巡视,或者和某几位学生一起探讨……课堂气氛极为热烈。

我看学生讨论得差不多了,便让学生们围绕上面的问题公开交流各自的看法,或阐述、或补充、或碰撞……经过这样的交流,至少多数学生认为,这两段文字相同是——都是写自然景物,而且都写了柳枝;都写出了天气的恶劣严酷;在写法上都用了描写,并且都用了比喻、拟人等修辞手法;都是正面描写和侧面描写相结合……不同的是——写"烈日"更多的是静态描写和侧面描写;写"暴雨"更多是动态描写和正面描写……

"现在知道老舍为什么要把祥子放在烈日和暴雨下写的原因了吗?"我问。

有学生回答:"这两段文字虽然所写的天气不同,但都突出了天气的'毒',似乎老天爷也存心和祥子过不去。这样毒的自然天气,与祥子的苦难是极为吻合的。"

有的学生们还特意分析了写柳叶的作用:"通过柳叶,写出了天气的变化,更写出了人的命运。柳叶就好像祥子,不能主宰自己的命运;无论在什么样的情况下,他都只能任人宰割,所以,结尾说'他哆嗦得像风雨中的树叶'。"

上课至此,问题似乎已经解决了,然而我还不想就此罢休,我想继续把学生的思维引向深入:"这个同学说得很好。但是同学们,我还是有点不明白,就是是否自然界的'雨'本身就带有刚才有同学所说的'恶毒'的感情呢?"

"对,自然界的雨总是给人带来麻烦,老舍先生正好用它来写祥子的生活。"有同学在下面这样小声地说。"不是,是老舍赋予了雨一种特别的含义。"一位学生又这样大声地说。

"咱们还是应该有比较,看看我们以前学过的课文里还有哪些写雨的?"我提醒学生们回忆。

有学生提到了朱自清的《春》。"对,里面有一段是写春雨的,是吧?"我一边说,一边打出有关文字,并和学生一起朗读起来——

雨是最寻常的,一下就是三两天。可别恼。看,像牛毛,像花针,像细丝,密密地斜织着,人家屋顶上全笼着一层薄烟。树叶儿却绿得发亮,小草儿也青得逼你的眼。傍晚时候,上灯了,一点点黄晕的光,烘托出一片安静而和平的夜。在乡下,小路上,石桥边,有撑起伞慢慢走着的人,地里还有工作的农民,披着蓑戴着笠。他们的房屋,稀稀疏疏的,在雨里静默着。

读完之后,我问学生们,这段文字表现了朱自清的什么感情。学生很容易回答出来:"表现作者对春天对和平美好的生活无限赞美之情。"

"可见,同样是写雨,这雨并不一定都是和人过不去的。"我说。

我听见有学生在小声嘀咕:"春天的雨和夏天的雨当然不一样啦!"

"是吗?"我接过他这话大声问,"那么,是不是只要是写夏天的雨就一定充满了苦难呢?——同学们回忆一下,我们是否还学过写夏天的雨的课文。"

在我的提醒下,同学们回忆起了《金色的大斗笠》中对夏雨的描写——

金黄的大斗笠下:这边,露出一条翘起的小辫;那边,露出一条揽着小山羊的滚圆的胳膊。在用斗笠临时搭成的小房子里,姐弟俩坐着,任凭雨水洗刷四只并排的光脚,脚趾头还在得意地动呢!

……

笑声冲出银线织的雨帘,笑声掀动金黄的大斗笠。

"同学们看,这篇文章中夏天的雨可就是充满欢声笑语的啊!"我总结道,"可见,'一切景语皆情语'啊!"说着,我把"一切景语皆情语"几个字写在黑板上。写完后,我继续说道,"夏天的雨当然要猛烈一些,用它来写祥子的苦难生活当然要贴切些;但主要是因为老舍先生写作时饱含特定的感情,所以在他的笔下,自然界的一切都有了特定的感情!"

我又提到结尾的"树叶":"在这样恶劣的天气下,在这样残酷的社会里,老舍的命运当然就只能是一片风雨中哆嗦的'树叶'!"

几乎是全班学生齐声纠正我的口误:"老师又错了!是祥子,不是老舍!"

我一惊:果然说错了!但我马上将错就错:"是的,应该是祥子像风雨中哆嗦的树叶。但我说的也不错——同学们可能不会想到,就在老舍先生写《骆驼祥子》三十年后的1966年,他会遭遇到和祥子一样的社会的暴风雨!面对文革的暴风雨,他的命运也曾如风雨中哆嗦的树叶!"

此时我感到,学生们的心已经被震撼了,教室里顿时弥散着一种庄严肃穆的气氛。我接着缓缓说道:"我们今天学习老舍的作品,决不能仅仅学习他的写作技巧,还要学习老舍先生伟大的人格。以前,我们从课本上已经读过老舍先生的其他作品——从《济南的冬天》到《小麻雀》再到《在烈日和暴雨下》。我们看到老舍先生一颗真诚的爱心,看到了他那博大的人道主义情怀! 老舍在写这些作品的时候,是无法预料自己的未来的,但是今天,在老舍诞辰 100 周年的时候,我们阅读《在烈日和暴雨下》,却分明从中读到了老舍在文革中的影子! 他和祥子一样,都曾遭受严酷的'烈日暴雨'的欺凌和折磨,但和祥子不一样的是,老舍先生没有堕落,而是以死抗争,用生命为 20 世纪中国知识分子的悲惨遭遇划了一个触目惊心的叹号! 也树起了一座中国知识分子人格的风雨中的雕像!"

第四章

活动课设计

综合性学习《漫游语文世界》教学设计

学习目标:

1. 引导学生搜集整理资料,交流和运用信息,由此培养学生口语交际能力和综合实践能力。

2. 让学生充分认识到语文与生活的密切联系,自觉拓宽语文学习空间,培养合作意识和创新精神。

3. 激发学生学习语文的兴趣,提高学生的语文素养。

学习准备:

一、搜集阶段

全班分为四组,分别搜集有关下列内容的材料:

1. 常用俗语、谚语和歇后语

途径:有关书籍(如:《谚语手册》知识出版社)、群众口语等

2. 流行语(如校园流行语、网络词汇等)

途径:校园、有关网站(http://oicqsj. myrice. com;www. chinalol. com 等)

3. 广告语(有优劣之分)

途径:电视、报纸、街头宣传牌、网站(http://campus. etanq. com;www. sxvb. com 等)

4. 店名集锦

途径:街头各种店铺的名称

二、整理阶段

各组合作完成,要求:

1. 从适用范围、主题内容等角度把资料筛选分类。

2.对整理出来的资料作点评。

3.把资料编辑成册,包括册子命名、装帧设计等。

成果展示:

一、开展活动

1.各组自选形式,展示成果,交流体会。

例:(1)俗、谚、歇后语组可排演同题小品(例如有关家庭教育的),以比较不同形式的语言可产生不同的效果。另外可进行歇后语竞猜。

(2)流行语组可表演相声小段"流行语"(如校园流行语、网络流行语等),让同学了解流行语并认识其优劣。

(3)广告语组可回放一组电视广告录像或模拟表演(公益广告、商品广告等),大家投票评选最佳与最劣广告,并为最劣的改个说法,使之成为好广告。

(4)店名组可在全班开展征集书店店名活动。

2.各组拟一份海报并派代表向大家宣传本组的小册子。

二、陈列展览

作文训练总结思考:《生活处处有语文》

"好读书,读好书"综合实践活动实用设计

活动主题:

好读书,读好书。

活动设想:

一、活动准备

1.明确任务。向学生介绍本次综合性学习中需阅读、理解和搜集的资料,活动的目的,学习的程序。

2. 质疑解难。让学生提出此次活动的疑难问题,并进行解答。

3. 合理分组。将全班学生以 4 人为一组,分成数组。为便于沟通交流,基本上以座位为序编排小组,每个小组尽量照顾到好、中、差三个层次的学生,且男女生搭配。这个小组最好在一定的时间内相对固定。

4. 落实任务。让每个小组中的每个成员都有自己明确的任务,使小组成员间形成积极的相互依赖的合作关系。

二、活动开展

以两周为一个时间单位,开展下列活动。

(一)活动一:名人与读书

1. 搜集。由小组内各成员依据自身优势和特点,通过多种渠道,搜集古今中外名人读书的种种信息,并将它们分门别类整理好。

搜集的渠道:家庭图书室、学校图书馆、书店、网络、社区访问(如图书馆馆长、书店经理、政府官员、学校校长等)……

搜集的内容:名人关于读书的名言、名人读书的故事、名人读书的经验或方法、名人读书的趣闻轶事……

2. 展示。

①小组成员根据自己的特长和资料搜集情况,从下面几种方式中选择一种,动手制作,进行成果展示:

主编一册"名人读书名言集";

主办一期"名人读书的趣闻轶事"手抄报;

主办一期"名人读书经验谈"的墙报。

②组内开一次"名人读书故事会"。小组的每个成员都要参与。

(二)活动二:与书籍结伴而行

1. 同读一篇文章(或一本书)。小组成员以自主选择或同伴推荐的形式阅读一篇文章或一本书,要眼到、口到、脑到、手到。大致从以下一些角度进行阅读体验:

①研究标题。看看标题的拟定有什么特色。

②分析篇章。从整体着眼,分析文中的主要内容、主题思想、语言特色、写法特点等,并诉诸文字。

　　③摘抄妙语。一边读文,一边及时地进行妙语摘抄:雅词成语,俗谚民谣,时髦词句,描写美句,修辞美句,精美句式段式,哲理警句……

　　④搜索信息。发现文中对自己最有用的材料或数据,并进行分类摘抄,以作资料保存。

　　⑤记录心得。趁余味犹存之时,及时将自己读文的体验和感受写下来。

　　2.同说一篇文(或一本书)。活动的最后一天,在小组间展开交流。尽可能地让每个小组成员都能够发言,将自己读书所获及读书的独特感受和真切体验,充分地表达出来。然后互相进行评价,指出各自的优点和缺陷。

三、成果展示

　　1.开辟专栏,将各小组成员制作的"名人读书名言集""名人读书的趣闻轶事"的手抄报、"名人读书经验谈"的墙报等,择优展出,然后全班评议,并进行投票评比,选出获奖成员。

　　2.在全班开一次"名人读书故事会",各小组选派一名最出色的同学参加交流、讲故事。然后评选出班上的"故事大王"。

四、教师小结

　　通过本次的几个活动,我们得到了这样一些收获:

　　1.通过一些好书好文的阅读,同学们不仅获得了知识,而且加深了对世界的认识,受到了高尚情操与趣味的熏陶,发展了个性,丰富了自己的精神世界。

　　2.借助搜集资料、调查访问、交流讨论等活动形式,培养学生自主、合作的学习能力,并通过活动的参与和成果的展示,使学生体验合作与成功的喜悦。

　　3.通过各种读书活动,搭建课内外学习的桥梁,拓展语文学习的空间,扩大同学们的阅读面,增加阅读量,并形成了长期相对固定的学习小组。

　　4.通过对收集资料的分析及心得体会的撰写,同学们对照自己的读书实践,知道了自己在读书习惯、方法和对书籍的选择方面所存在的问题。同学们读书的兴趣正在逐渐增强,自觉进行课外阅读的好习惯正在养成,已开始学着选择书籍有的放矢地读书,已掌握了一些读书的好方法。

这些收获,对我们的一生来说,都是受用不尽的。今后这样的活动我们还要继续开展,且要更加自觉,更加有深度。

资源链接:

读书四怕

朱铁志

如今各类出版物汗牛充栋,而不才乃性情中人,读书虽有选择,但更多情况下是性之所至,逮哪看哪。如此这般久了,便悟出了一些道理:读书不仅有乐,也有苦、有惑、有恨、有怕,有说不清道不白的复杂感受。

一怕大而无当、套话连篇。此类著作多为政治理论读物。其特征,是大话泛滥、套话不断,什么"是机遇,也是挑战,要抓住机遇,迎接挑战"了,什么"形势喜人又逼人,工作好做又难做"了,什么"有好说好,有坏说坏,不能因为有好否定坏,也不能因为有坏否定好"了,等等等等,不一而足。听起来都是些冠冕堂皇的大话,人尽皆知的道理,可以应用于任何场合、任何对象,而且无一字无出处,无一句无来历,似乎还很有学问,很有根底,其实只要不是太笨,人人可为之。这种正确的废话无用的真理,除了可以使个别官员、无能"学者"以不变应万变之外,实在不能解决任何具体问题。说出来"无异于谋财害命",听起来是忍受折磨。此乃一怕。

二怕浅入深出、故弄玄虚。这类毛病多存在于个别学术著作中。其特征是装腔作势,拉旗作皮,形式大于内容。生搬硬造的名词概念、食洋不化的理论体系,充斥字里行间。甭管研究什么问题、针对什么对象,都要"解构""消解"一番。哪怕是写文学评论,也非要写出不知所云的艺术效果,巴黎某个小圈子未必正确的新理论,可以成为一些留洋博士的贩卖资本;纽约某沙龙的偶然争论,可以变作归国"学术报告"的"有聊"谈资。说起来都是云山雾罩、玄之又玄,别人固然"听不懂",他们自己也未必懂。而据说气氛总是"热烈"的,讲的和听的,谁也不愿承认自己是不学无术的傻瓜。于是,大家集体上演一出新时代的"皇帝的新装",共同成为有学有术的傻瓜。只可惜,热闹倒是热闹,就是对繁荣学术毫无益处。

三怕言语乏味、面目可憎。这类著作的作者大抵没有文体意识,只是按照自己的习惯和标准自说自话而已。他们关心的是"说什么",而不在意"怎样说"。读这类著作,如果不是出于极特殊的需要,大概很难终卷,往往读不到一半儿,就不免哈欠连天,连多年的失眠症都治好了。这类著作与不学无术、浅入深出的信息垃圾不同,它们常常是言之有物的,就是表达不讲究,既没有理性逻辑之美,也没有文采斐然的词章之美,读来味同嚼蜡,索然无味,真是很可惜。

四怕趣味低级、把肉麻当有趣。这类毛病多存在于某些传记之中。其特征是有意"忽略"传主的事业轨迹,而专注于其事业以外的所谓"生活细节",比如不同年代的"三围系数"呀,某男某女的情感纠葛呀,使用某种化妆品的细腻感受呀。一本描写某著名舞蹈家的传记,全书差不多都是对生活琐事喋喋不休的唠叨,有一处居然用了几个页码的篇幅写舞蹈家对着镜子自我欣赏,感叹自己如何"性感"。而我实在看不出这段描写与舞蹈家艺术发展的内在联系。全书看完了,对舞蹈家的奋斗历程所知依然不多,而对舞蹈家的私生活、个人习惯倒知之甚详。我认为,传记总该给人一点儿比女性"三围"更重要的知识才对头。

思考题:

1. 你同意文中所说的"读书四怕"吗?请针对其中的一点发表一下你的高见。

2. 你觉得,现阶段我们学生读书最应该注意的问题是什么?

《金钱,共同面对的话题》活动课设计

活动目标:

1. 知识与能力。

　　通过了解钱币的历史,认识社会、生活、经济、科技的发展变革,增进学生对货币文化的了解,全面而理性地认识金钱。掌握社会调查的基本方法,学会写调查报告。

　　2.情感态度价值观。

　　让学生体验合作学习、网络探究的快乐;激发学生对货币文化的热爱;形成正确的金钱观念、消费观念;养成合理消费、计划开支的良好习惯;养成观察、思考生活,针对具体问题发表感想和观点的表达能力。

　　3.过程与方法。

　　运用上网查询、查阅资料、社会调查、参观访问等多种方式进行调查研究,提高学生深入生活、网络、图书,收集信息、选择信息、整理信息的能力;通过对信息的思考分析,养成留心身边经济生活的习惯和初步的理财意识。学生通过学习成果的发布,展示表现自我和交流表达的能力。

活动准备:

一、学生的准备

　　1.学生阅读课本上关于本次活动主题的相关内容,确定三个活动板块:史记金钱、世说金钱、金钱消费面面观。

　　2.按照三个板块的内容,学生自由组成合作小组,选举一名组长,共同制定目标,设计方案,拟出草案,并上报给老师审核指导,之后组员开始搜集资料。

　　3.各小组在组长的组织下充分发挥个人特长,进行小组分工。

　　4.确定活动手段及方式:网络搜索,文献查阅,问卷调查。

　　5.确立成果展示方法:资料展示,故事宣传,辩论比赛,宣读调查报告,知识竞赛。

　　6.各小组将最后方案上交老师审阅,师生共同策划展示课。

二、教师的准备

　　1.为学生推荐提供相关网络资源:

　　http://www.sinocurrency.com/cn/index.asp 中华货币网

http://www.unusualcoins.com/index.htm 珍稀钱币个人主页

http://www.lidicity.com/banknotes/世界各国钞票

http://cn2002.nease.net/finance.htm 世界货币鉴赏

http://office.nenu.edu.cn/如何写调查报告

2.设定评价量表。

活动建议:

板块一:金钱史记

1.搜集资料。

指导学生分头行动,去图书馆、上网、去本地文史博物馆搜集有关资料,弄清我国钱币起源及发展历史,做好文字图片记录。

2.去粗取精。

指导学生对搜集的资料进行集中整理。

3.探索发现。

启发学生思考:在我国漫长的钱币发展过程中,你发现了什么? 从中获得了什么有益的启示?

4.撰写论文。

教师指导学生选题,并学习论文的常规写法,进行合作撰写。

板块二:世说金钱

1.设计值得思辨的话题。

引导学生打开思路,培养善于发现问题、提出问题、分析问题的能力。针对当前社会中存在的金钱至上的现象归纳出一些有研讨价值的话题,以供全班同学进行辩论。如你是怎样看待"金钱是万能的""人为财死,鸟为食亡""孩子在家做家务,向长辈收取报酬""金钱道德两难全"的?

2.组织辩论会。

设计辩论提纲,搜集有关资料与数据,拟写辩论文稿。邀请老师、学生共同策划、组织一场辩论会。

板块三:金钱消费面面观

1.指导学生阅读文章《中奖那天》《名人的另类金钱观》《我的金钱观》,展开讨论。

2.指导学生与家长合作,分列家庭消费清单和学生本人消费清单,进行对比,分析问题。利用双休日参与家庭的理财,感悟"勤俭持家"的道理,培养节约意识和初步的理财能力。

3.发放学生制作的调查问卷表,指导学生和本年级各班主任协调,以全年级学生为调查对象,了解学生消费的真实情况。

附:中学生消费调查表

中学生消费调查表

说明:以下调查以自愿为原则填写(可多选),不透露姓名,资料只供参考。

1.你一个月大概花费多少零用钱?

A.没有　B.50 以下　C.50～100 元　D.100—200 元　E.200 元以上

2.你觉得够不够用?

A.有剩余　B.一般　C.不够

3.如果不够用你是否向别人借?

A.会　B.经常　C.不会　D.看情况

4.你的零钱大多花费在什么地方?

A.娱乐方面　B.装饰方面　C.学习方面　D.生活或通信方面　E.有关偶像明星的东西(CD、VCD、相片等)

5.在节假日期间你是否消费很多钱?

A.很多　B.一般　C.较少

6.在商店里有你极喜欢的东西,但太昂贵了,你怎么办?

A.不会买　B.看清楚再决定(与父母、朋友商量)　C.立刻买

7.购物之后是否会后悔买了不该买的东西?

A.否　B.有时　C.经常

8.你在节假日会去西餐厅(餐馆)吃饭吗?

A.一定会　B.有时候　C.不会

9.你生日或同学生日(或其他事宜)有没有一起庆祝?

A. 有   B. 没有

10. 你们的付款方式是:

A. 凑钱   B. 自己请客   C. 别人请

11. 你或你的朋友有手机吗?

A. 有   B. 没有

12. 你会追求名牌的服饰、手机或其他用品吗?

A. 会   B. 不会   C. 有时候会   D. 无所谓

13. 你是否经常光顾一些名牌专卖店?

A. 经常   B. 有时候   C. 甚少   D. 不清楚

14. 你买名牌的原因是:

A. 款式新颖、有型   B. 人有我有   C. 质量好   D. 穿出来"摆阔"

15. 新年期间你收到多少压岁钱?

A. 500 元以下   B. 500~1000 元   C. 1000 元以下   D. 2000 元以上

16. 你怎样处理这些压岁钱?

A. 作娱乐消费之用   B. 用来交学费   C. 用来购买书籍   D. 其他

17. 你会为自己所用的钱作系统的结算吗?

A. 从来不会   B. 会   C. 有时候会   D. 没有想过

18. 你认为自己是否懂得理财?

A. 懂得   B. 不懂得

19. 你认为自己的消费高不高呢?

A. 很高   B. 比较高   C. 一般   D. 较低

20. 用一两句话写一写你对自己消费情况的评价

4. 统计研究。

根据统计结果,集中讨论分析,与以往相比,当代中学生的消费有什么特点?

5. 拟写调查报告。

调查报告的写法:

调查报告一般由标题和正文两部分组成。

(一)标题。标题可以有两种写法。一种是规范化的标题格式,即"发文主题"加"文种",基本格式为"××关于×××的调查报告""关于××××的调查报告""××××调查"等。另一种是自由式标题,包括陈述式、提问式和正副题结合使用三种。陈述式如《东北师范大学硕士毕业生就业情况调查》,提问式如《为什么大学毕业生择业倾向沿海和京津地区》,正副标题结合式,正题陈述调查报告的主要结论或提出中心问题,副题标明调查的对象、范围、问题,这实际上类似于"发文主题"加"文种"的规范格式,如《高校发展重在学科建设——××××大学学科建设实践思考》等。作为公文,最好用规范化的标题格式或自由式中正副题结合式标题。

(二)正文。正文一般分前言、主体、结尾三部分。

1.前言。有几种写法:第一种是写明调查的起因或目的、时间和地点、对象或范围、经过与方法,以及人员组成等调查本身的情况,从中引出中心问题或基本结论来;第二种是写明调查对象的历史背景、大致发展经过、现实状况、主要成绩、突出问题等基本情况,进而提出中心问题或主要观点来;第三种是开门见山,直接概括出调查的结果,如肯定做法、指出问题、提示影响、说明中心内容等。前言起到画龙点睛的作用,要精练概括,直切主题。

2.主体。这是调查报告最主要的部分,这部分详述调查研究的基本情况、做法、经验,以及分析调查研究所得材料中得出的各种具体认识、观点和基本结论。

3.结尾。结尾的写法也比较多,可以提出解决问题的方法、对策或下一步改进工作的建议;或总结全文的主要观点,进一步深化主题;或提出问题,引发人们的进一步思考;或展望前景,发出鼓舞和号召。

《中学生应有怎样的消费观》活动设计

活动过程:

主持人:货币,是一个国家政治、经济的综合反映。国家的兴亡,民族的兴衰,人民生活的好坏,无不与货币息息相关。但是,古往今来,不同的人对于金钱的态度是不同的:有人视金钱如常物"千金散尽还复来",有人视金钱如性命"人为财死,鸟为食亡"。有人成为金钱的主人,有人成为金钱的奴仆,有人利用金钱造福一方,有人贪慕金钱终成阶下囚……今天,我们就借用同学们的一双慧眼,把金钱认识得明明白白清清楚楚真真切切。

(一)金钱史记

主持人:中国是历史悠久的文明古国,几千年的改朝换代,货币也随其推陈出新,形成独特的货币文化。

下面请第一组来展示他们的研究成果。

展示一:文字介绍配图片,演示"中国古代货币的演变史"。

展示二:关于货币的故事、传奇。

展示三:未来的货币设想。

展示四:与金钱有关的文学作品。

展示五:货币知识竞赛。

(二)世说金钱

主持人:赚钱是为了生存,而生存并不是为了赚钱。有钱时应多一份责任感,而不是任意挥霍。巨富李华光先生很有钱,但他却一直过着俭朴的生活,而把大量的钱捐给祖国的科学事业和希望工程。"金钱不是万能的,但没有它又是万万不能的。"当我们用《编辑部的故事》中于德利的话来解释自己的金钱观时,也有人建议不妨把这句话倒过来说,即:"没有金钱是万万不能的,但金钱不是万能的。"当然这仅代表我个人观点,不知大家是否认同呢? 那就请听一场精彩的辩论赛吧(任选其一):

1."金钱是万能的"与"金钱不是万能的"。

2."金钱道德是可以统一的"与"金钱道德是不可以统一的"。

主持人:其实,钱本身并不可怕,作为商品的一般等价物,它本身并无好坏之分。但如何看待钱,怎样利用钱,却是有好坏之别。用金钱作为衡量人生价值的尺度,追求高消费,仰慕"大款"们的"潇洒"和"气派"等等,这都是十分错误的金钱观。

(三)金钱消费面面观

有人说,这是个不会理财便无法生存的时代。西方人注意从小引导学生的金钱观和消费观。美国加州某小学给毕业班的最后一道数学题便是:在模拟现实的条件下合理花掉一百万。花钱,是一种行为,也是一种学问,更是一种能力。让我们及早学会这方面的本领。

展示一:"我来当家"通过家庭消费清单与本人消费清单的比较,宣读自己所写的感想。

展示二:宣读"中学生消费面面观"调查报告,张贴展示组员的调查报告,他组同学积极参与交流。

主持人:通过这次活动,我们小组深有体会:中学生必须养成正确的消费习惯,培养正常的消费心理,以适应现实中的经济活动需要。适度消费和合理消费就是正确消费观的组成部分,学会消费,就应当努力做到消费的适度与合理有机结合,在正确的消费行为中感受消费对于社会的作用,在游泳中学游泳。比如,有计划地安排好开支和开支项目的比重,改掉不良的消费习惯,等等。好了,让我们认识消费、懂得消费,做一名前卫而理智的消费者吧!

布置作业:根据本次活动经历,写一篇作文,题目自拟,600字左右。

《与马共舞》教学设计

活动目标:

1. 知识与能力:培养学生自主地从不同渠道获得信息资源的能力,培养团队合作归纳综合的能力;了解有关"马"的文化知识,进而认识到中国历史积淀的博大精深的文化智慧与内涵,丰富学生文化素养;树立勤劳肯干的精神品质。

2. 过程与方法:教师按学生的兴趣以及有关马的知识性质把学生分成六个小组;自主探究实践活动,三五天内进行收集整理,小组归纳相关课题的知识;活动课展示,由每个小组的组长主持本组的展示。

3. 情感与态度:培养学生热爱祖国语言文字的情感,并树立崇尚真知的情感。

设计理念:

　　以活动的形式培养学生自主获取真知的能力,重在收集信息,处理信息的能力。

资源与教具:

　　报刊、书籍、字词典、投影仪I、其他相关资料。

活动展示:

　　1.教师播放《骏马奔驰跑边疆》的歌曲,导入课题。

　　2.马——人类很早便征服的剽悍的动物,它和人类同生死,共荣辱,数千年来,风风雨雨,成为人忠实的朋友,今天,让我们一起走进马的世界,与马共舞。板书课题:《与马共舞》。

　　3.下面有请第一个小组的组长( )上台,主持你们收集内容的展示。

　　第一小组组长( )上台主持:……

　　4.第一小组让我们知道了"马字的历史",了解了天下名马,下面我们有请第二小组的组长为我们展示更多的有关马的成语、俗语、名句,跟着他们去看看中华民族在马字上作出了怎样的创造。

　　第二组组长( )上台主持:……

　　以此往下请出其他各组的组长主持课堂……

　　5.第六组组长主持完,教师提出如下问题,供学生讨论:

　　在我们的现实生活中,你认为是先成为千里马重要呢? 还是先有伯乐更重要?

　　6.生讨论……

教师小结该课:

　　我们今天的展示课就要结束了,在这些"与马共舞"的活动中,我们每个组的组长表现了非凡组织和领导才能,每个组员表现了前所未有团结协作精神。我们每个人的努力都给了别人带来了欢乐,给别人以欢乐就是我们最大的幸福。大家说是不是……

　　在此,请允许我以台湾女作家三毛一本散文集《送你一匹马》为名,我也要送你们一匹马,可马在哪儿呢? 它不在唐吉诃德的长矛下,也不在徐悲鸿的画卷上,大家说,我要送你们的马在哪儿? 它在我们的头脑里,在我们的梦想里,在我们每天疾步于校园的脚步声里;在我们勤奋学习、攻克每一道难题的思绪里。这是一匹可会其神,却不可传其形的千里马。愿大家永远拥有这匹马,生活中永远与马共舞,成为合江中学的一匹又一匹黑马。

　　(附各组课题及要求于后)

　　各组课前收集课题及要求:

　　一组:收集有关马字的书法演变历史,课上板书之;

　　收集古车马知识、名马知识,各派代表讲述。

　　二组:收集有关马的成语、俗语、名句,录于灯片;

　　课上读之,并每人解说其一。

　　三组:每人用自己的方式画一幅马画,课上展示,评优。

　　收集徐悲鸿的《八骏图》,展示,并每人给这幅画一句话的评价。

　　四组:课上派代表读教材中收录的有关马的文艺作品,每人围绕任一作品对其中的马的形象说一句话。

　　五组:收集有关马的故事,课上讲这些故事。

　　(附参考:九方皋相马\赵高指鹿为马\千金买马骨\田忌赛马\《西游记》中白龙马的故事\《三国演义》中赤兔马的故事……

　　六组:录韩愈的《马说》及译文于灯片,课上齐读,代表译之,代表评之。

课后反思:

　　课前准备,极大地调动了学生学习的积极性,学生在获得检索资料的具体任务后,人人都是主人翁,为了在课上表现自我,实现自我的价值,他们努力查找资料,咨询教师,共同探讨。课前,他们得到了一次从未有过的和同学、和教师探讨学习的机会,从中学会了检索资料,学会了交流,学会了收集整理资料。

　　课上孩子们的表现欲得到了极大的满足,由于课前,他们做好了充分的准备,课上个个跃跃欲试,生龙活虎,每个组都分派了一个主持人,主持本组的活动。每个同学都有上台展示自己的机会,他们真正成为了课堂的主角,教师课前是导演,课上则退居二线,成了配角。从他们的表情可以看出他们得到了一种极大的满足。课后我问一位同学喜不喜欢这样的课,他满心欢喜地告诉我:"爽呆了! 我们准备的材料,根本就没法展示完。"

不足之处:学生主持活动,缺乏经验,时间把握不是很好,个别组别出现了超时现象,影响了其他组的展示时间。

"怎样搜集资料"实践活动设计

活动目标:

加强对搜集资料的认识,培养学生搜集资料的良好习惯;让学生了解并掌握图书馆、互联网等搜集资料的方法;提高学生口头交际表达能力和写作能力。

课时安排:

两课时。

目标说明:

搜集资料不仅是语文学习过程中常用到的一项基本技能,而且是人们学习、工作、生活所必须具备的一项基本技能。通过搜集资料可获得前人、他人的间接经验或已有成果,使自己少走弯路,提高工作效率,站在巨人的肩膀上获得成功。未来的文盲不是不识字的人,而是不会学习的人。会学习的人,必定具备应用发达的现代信息技术搜查资料的基本技能。资料搜集应用十分广泛,不仅读书、旅游、科研、经商等离不开资料的搜集,就是人们平凡的日常生活也需要资料搜集,如吃、穿、住、行,看上去十分简单的事情,都需要信息资料汇集并进行比较筛选。人们通过搜集资料可以丰富知识、开阔视野、加深体验、提高生活质量,故养成和具备搜集资料的良好习惯和技能十分重要。现代社会一方面信息十分丰富,拓展了人们获得知识信息的时空;另一方面传播信息的技术手段为人们获取资料提高了时效。现代人获取最新的知识与信息,必须借助于科学的方法和现代化的技术手段。本次活动使学生掌握搜集资料的方法,如到图书馆如何搜集资料,上互联网怎样查询下载等,这将对于学生现阶段语文学习乃至其人生都意义非凡。当今时代是一个开放的社会,人与人之间的交往十分频繁,人们的口头交际能力异常重要。通过自主、独立、合作的学习过程,增加了学生间的沟通和交流,提高了口头交际能力。不仅如此,体验过程,把感受心得写出来,也提高了写作能力。活动时间说明:

本次活动按侧重点不同可灵活进行。或参与活动,或展示活动,也或二者合而为一。

设计一　活动课

一、活动过程

分小组:学生自愿组合,推选小组长。

定主题:以课文提供的"中秋节""三峡""电脑"三个专题为内容,由学生自主选题,教师指导设计提纲。

提要求:各小组长分配任务,学生根据主题需要,准备工具。

二、方法指导

图书馆借阅图书的方法介绍:

1.传统的书目卡片借阅方法。

(1)了解图书馆的分类体系。一般图书馆按《中国图书馆图书分类法》(简本)进行分类。图书分五大类共22小类:马克思主义、列宁主义、毛泽东思想;哲学;社会科学;自然科学;综合性图书。搜集资料首先明确其归类。

(2)学会使用书目。书目就是图书目录,分类记录着图书馆的名称、作者、出版情况或内容提要。可以根据其中一项查找所需资料。目前使用最多的是卡片式目录。

（3）还要配合使用索引。

（4）收集整理：查阅中发现所需资料，及时做好摘录、札记，有条件的还可复印。

2.小型图书馆自动化管理系统的借阅方法。

小型图书馆自动化系统一般有如下六个流程：图书编目、图书流通、图书检索、期刊管理、系统管理、退出系统。"借阅图书"记录着书名、著者、分类号、出版社、条码号。知道所需书籍以上任何一项资料，就可输入电脑，直接到"图书检索"流程查找。上网查资料的常用方法：a.大范围扫荡：如果找的东西范围比较大，需要一大批同类网站供你参考与比较，那么你可以先去专门收集网址的网站。如"5566.org"就能将比较出色的网站分门别类，让你一目了然。当然为了稳定使用，可以安装一个有相同功效的软件在你的硬盘里随时调用，如"仙剑书签"。b.找准专业搜索站点：找图片可以去"google"，音乐下载可以去"sogua"。"天网搜索"是一个"FTP"共享搜索引擎，通过它可以到开放的 FTP 服务器中下载大型软件和电影。c.用好搜索引擎：虽然许多门户网站都有搜索引擎，但笔者还是推荐"google"。它不仅搜索能力超强，而且使用简单，页面朴素，几乎没有广告，大大提高了浏览的速度。另外台湾地区开发了一个名为"openfind"的搜索引擎，号称覆盖了35亿网页，是"google"的1.7倍，而且仅需要一秒钟就可以找到所需要的信息，大家可以关注一下。d.用好搜索软件和p2p软件等。e.收集下载：发现好的文章资料，可以用软盘储存，也可直接存入电脑，或复印下载。

三、实地调查和采访

1.明确调查和采访的问题和对象。2.设计问题，制作问卷、拟定提纲。3.准备记录工具。

活动过程根据主题不同，同学分别到不同地点如图书馆、电脑室、电子阅览室等，采用不同的工具和手段搜集资料。作业布置——记录本次活动的全过程。提示：使用的方法、发生的事情、收获体会等。说明：本次活动课目的是让学生在实践中掌握搜集资料的方法。重过程，而不是走过场,教师'应指导学生人人动手,在动手中发现问题,及时解决问题。完成练习"中秋节""三峡"。可设计较简单而集中的题目,如到图书馆专门搜查古代诗歌中有关描写中秋节的诗歌,或上网络搜集古人描写三峡的诗歌。

设计二　展示课

一、活动过程

分小组:学生自愿组合,推选小组长。

提要求:各小组长分配任务,学生根据主题需要,准备工具。

定主题:以课文提供的"中秋节""三峡""电脑"三个专题为内容,由学生自主选题,教师指导师生共同设计提纲,或教师设计题目(如下题目供参考)。

你平时到过图书馆借阅图书吗? 到过哪家图书馆?

如何到图书馆里搜集资料? 请举例说明。

你平时到哪里上网? 你用网络搜集过资料吗?

你上网查资料常到哪些网站? 能说说它们的特点和好处吗? 请举例说明。

你采访过别人吗? 有人采访过你吗? 假如让你采访你的校长,你该做哪些准备才能做。如果让你调查一下你同年级同学的课外读书情况,你该怎样做? 请介绍一种方法。

以班级为单位推选学生主持人,由师生制定课堂议程。

制定评价标准并每小组推选一名评委打分。

二、教师指导

教师明确活动目的,提出要求,并进行指导。本次活动课的目的是锻炼、提高学生的口头交际能力。口语交际力求做到,说普通话,做到口齿清楚,态度大方。能围绕中心说话,条理清楚,用语准确。有礼貌,不随意打断别人的谈话。专心倾听对方的谈话,能从中筛选记忆有用的信息。讨论问题时,积极发言,观点明确,表达清楚。讲述见闻,内容具体,能适当运用体态语。描述时,抓住特点,语言要生动。课堂展示介绍活动概况:介绍本组成员情况、活动地点、选定的主题(内容)、使用的方法(小组长发言)。介绍使用方法:较详细的介绍一种方法,可借助实物投影、电脑等手段进行演示(每组一人)。描绘一个细节(或讲述一个插曲):用描绘性的语言表情达意(每组一人)。分享一点体会:说说本次活动最大的收获(每组一人)。

三、评价活动

师生自由发言或指定发言。评价标准可参考口头表达水平,活动参与的态度进行。列出若干标准做表打分。

四、作业布置

汇总各小组本次课堂上所有文本资料,并有本组成员课下整理成册。

附:主题拟定可以由学生选择。围绕一个主题,可以设计若干小题目。如以中秋节为主题,可以设计几个小题目:中秋节日、中秋诗情、中秋风情、中秋祝福等。

综合性学习《让世界充满爱》教学设计

项目创意:

1.让学生感悟到"爱"这种博大的感情,懂得爱别人和被别人爱都是一种幸福,学会爱,尤其是对弱者的同情和关爱。

2.培养搜集、组织材料、用生动的语言进行表达的能力。

3.培养学生合作、探究的学习方式。

教学过程:

1.播放《一个真实的故事》。

2.教师讲述关于这个女孩和丹顶鹤的故事。

　　这个女孩名叫徐秀娟,生长在养鹤世家,17 岁就随父亲养鹤,新闻界曾称她为"中国第一位驯鹤姑娘"。1986 年她走出东北林业大学后,就接到盐城自然保护区的邀请希望她到射阳工作,当时的鹤场是一个废弃的哨所,条件极差,秀娟没有退缩,没有孵化设备就砌起土炕,把从扎龙带来的鹤蛋放在炕上,她与她的两个助手日夜守护在这些鹤蛋旁边,一天深夜有一只弹壳里终于发出了"笃"的一声,一只小鹤诞生了,随着这只小鹤的诞生,丹顶鹤在低纬度越冬区孵化成功——这个世界级的难题被攻克。

　　1987 年,内蒙古呼伦贝尔盟馈赠给盐城自然保护区两只天鹅,一只叫"黎明",一只叫"木仁"。这是两只野性十足的天鹅。9 月 15 日,徐秀娟为两只天鹅洗澡,"黎明"突然飞走了。秀娟急忙跟踪寻找,直到深夜找回了"黎明",可是"木仁"又飞走了。第二天保护区的职工闻讯赶来和秀娟一起寻找,下午 5 点钟,秀娟听到"木仁"隔河的叫声,顾不得病弱又极度疲倦的身体,跳下河,向对岸游去,快到河心时,极度劳累的秀娟因体力不支,被寒冷的河水吞噬了。(就是我们在刚才的画面中看到的情景)她去世后射阳市老人们说她"驯鹤乘鹤去,鹤姑化鹤神",老人的话寄托了人们对秀娟姑娘永生的哀思和期冀。

　　徐秀娟用自己年仅 23 岁的生命谱写了一曲"爱"的篇章。

　　第一章,走进爱的世界

　　1. 引导过渡:现实生活中像徐秀娟这样充满爱心的人还很多:雷锋关心身边每一个战友,把自己有限的生命投入到无限的为人民服务中;徐洪刚为了保护人民的生命财产,勇敢地和歹徒搏斗;孔繁森为了阿里人民的生活,一腔热血献给了西藏人民。他们爱生活、爱集体、爱自然、爱身边的每一位朋友和亲人。

　　2. 我知道同学们已经阅读了许多关于爱的故事,昨天我还看过你们摘抄的笔记,你能讲一段在阅读中让你最感动的故事和大家分享吗?

　　3. 刚才同学们的故事把我们带进了一个爱的世界。

　　提问:那些得到爱的人幸福吗? 那些献出爱的人幸福吗? 为什么?(组织学生讨论)

　　小结:爱是人类一种美好的感情,有亲情之爱、朋友之爱、人类之爱等等,所有的爱都有一个共同的特点,就是祝福自己所爱的人生活幸福。从这个意义上说被爱的人是幸福的,施爱的人也是幸福的,因为我们用自己的行为参与到这一创造幸福的过程中,使自己的爱与对方的爱融为一体,在一个真善美的境界中完成了生命的升华。

第二章,呼唤"爱"的回归

在今天商品经济发展的社会中,人类物质文明已经发展到了很高的水准,但关于爱的本能,却似乎需要经常被提醒。(出示第二章)

日益激烈的竞争,让我们忽视了下岗工人生活的艰辛;

五颜六色霓虹灯色彩缤纷的广告牌下,往往看不见畏缩在街边墙角的弱势群体生存;鳞次栉比的高楼中,忘记了在灾区、在贫困的山区还有寝食难安的人民。

让我们把目光投下那里感受一下他们的生活。(放弱势群体生活写照)

问题:你看到了什么,你联想到了什么,你有哪些感受和思考?

小结过渡:我曾读过俄罗斯伟大作家屠格涅夫的一篇著名的散文诗《乞丐》。

文中这样写道:我在街上走着……一个乞丐——一个衰弱的老人挡住了我。红肿的、含着泪水的眼睛,发青的嘴唇,粗糙、褴褛的衣服,龌龊的伤口……啊,贫穷把这个不幸的人折磨成了什么样子啊!他向我伸出一只红肿、肮脏的手……他呻吟着,他嗫嚅地祈求帮助。我伸手搜索自己身上的所有口袋……既没有钱包,也没有怀表,甚至连一块手帕也没有……我随身什么东西也没有带。但乞丐在等待着……他伸出手,微微的摆动着和颤动着。我茫然无措、惶惑不安,紧紧地握了握这只肮脏的、发抖的手……"请别见怪,兄弟;我什么也没有带,兄弟。"乞丐那对红肿的眼睛凝视着我;他发青的嘴唇微笑了一下——接着,他也照样紧握了我的变得冷起来的手指。"哪儿的话,兄弟,"他吃力地说道,"这也应该谢谢啦,这也是一种施舍啊,兄弟。"我明白,我也从兄弟那儿得到了施舍。

这篇美丽的散文告诉我们什么?(讨论)

1. 施舍爱的人,本身也能得到爱的回报

2. 人需要有同情心,有一颗善良的心

3. 爱不仅是物质上的施舍,更需要精神上的理解、关心、呵护等。

4.得到施舍的人在人格上与被施舍的人一样平等,所以我们要学会尊重。

第三章,送上我们的一份爱

提问1.面对着生活中这些需要帮助的人你献过爱吗,你准备怎样献出你的一份爱?(点击)

学生回答(省略)

小结:大家的回答让我联想起一个寓言故事:

说的是地狱和天堂的区别。在地狱中,众鬼魂围着大桌子吃饭,他们手上都拿着长长的筷子,用这样的筷子夹到的食物竟无法放进自己的嘴里,于是人人挨饿,个个愁眉苦脸。可是在天堂之中众天使也围着桌子吃饭,他们手里的筷子也同样很长很长,但是他们夹到食物就送进对方的嘴里,于是人人饱食、个个开心。

我想我们每一个人都期望天堂,所以首先就要学会夹着食物往对方的嘴里放。这就是"奉献"的精神。

最后让我们一起欣赏"爱的奉献"。

作业:根据今天的活动完成作文:

1.学会爱

2.爱的感受

3.爱需要奉献

第五章

语文作文

新课程改革背景下的作文批改

　　语文课程标准(7~9年级)之写作部分指出:"养成修改自己作文的习惯,修改时能借助语感和语法修辞常识,做到文从句顺。能与他人交流写作心得,互相评改作文,以分享感受,沟通见解。"这一要求的提出,意即要改变几十年不变的传统作文教学,特别是作文批改的习惯。一句话,作文主要是靠学生写出来、改出来的,并不是靠教师改出来的!但这并非否认了教师批改作文的作用,恰恰相反,教师的指导作用更是显得重要。本文主要介绍一下笔者指导学生修改作文的具体做法,并把新旧做法做个比较,试图找到作文评改的最佳途径,扫除作文教学改革中的一些障碍,以期达到作文教学的最佳效果。

　　在笔者读初中的时候,觉得自己的作文在班级里算是比较好的,可是作文的成绩几乎没有上过八十分的,大多是60~70之间,语文老师把作文批改过之后,也只有寥寥几句评语,再加上一个成绩,作为学生的我们大多也只是简单看一下成绩,就把作文本收藏起来了。当然,那或许只是个别现象,只是我的记忆中的事情,不能说明什么,但却能从一个侧面反映了传统作文教学的一个重要环节——作文的批改,被忽视了,被简化了。当时,也没有什么作文互改、自我修改这些说法,更不用说具体的做法了。学生也没什么课外读物,图书馆里的书籍也只是那些过了时的书,学生最多的是手头上的几本小人书——可惜现在难以找到它们的踪影了。

　　就说我从学校毕业出来刚做老师的那阵子,布置学生写作文也只是在黑板上写个题目,然后稍加提示,两节课后就把作文本收上来。作文批改也是找出几个错别字,写上分数就敷衍了事了。

　　往事随风而去了,新课程标准的实施,犹如一股春风吹起了传统作文教学这潭死水里的涟漪。新课程标准更是从人文的角度入手来指导、要求、关顾我们的作文教学。笔者几年来努力致力于作文教学的改革，而且也算取得了一定的成绩，我很愿意在此与大家交流，以期取得大家的认可和宝贵的建议、意见。

从参加课改年级的教学工作开始，我就有意在作文的教学，特别是作文的批改方面做一些尝试。以下说说我的具体做法。

首先积极鼓动学生的写作欲望，做好写作的前期工作。在新课程标准的前提下，培养学生的写作兴趣尤其重要。如何做好这个工作呢？当然最重要的是让学生有话可说，激发他们心灵感触，因而，开始的时候要让学生自由写作，改变过去学生一到作文课就烦的旧状。等到学生写到无话可说时，他们反过来会要求老师布置题目给他们写，这时教师再有计划、有选择的挑选一些题目给他们写。到这时，学生基本上会跟着老师的步伐走，教师可以牢牢拴住学生的心了。

养成修改自己作文的好习惯，这也是新课程标准的一个要求。文不厌改，好的文章都是改出来的，作为学生的习作，更应该如此。当然，应是在教师指导下的修改。修改还要记住一些常用的修改符号，可以自改，可以互改，从简单到复杂，从易到难，从少次到多次，渐渐地就养成了修改文章的好习惯，体验了从粗糙到完美的喜悦。

完成了以上两个步骤之后，剩下的就主要是老师的活儿了。不过，教师也不要急着看和评，可以把作文发给不同班级的同学来修改，修改时统一用红笔，而且还要写上批改者的姓名，以示对别人负责。一篇文章可以由多人来改，批改者可以从书写、字词的使用、错别字、结构、修辞、选材和主题入手，然后还要写上总批。等到以上事情做完之后，教师再把作文收上来，从写作和评改两方面来批改，最后把作义发给学生。

教师讲评时，要从写和评两方面入手。讲评时，可以点评范文，也可以和每个同学对话，针对自己的作文，针对别人的作文，或者针对同学的批语，还可以针对老师的批语。教师讲评后，学生都要把自己的体会、感受或者自己作文中存在的问题用显眼的字写在作文本上，以示警戒。

以上具体做法，看似容易，操作起来其实不简单，老师好像不用批改作文，其实工作量更大，但是效果确实比以前好得多了。

以上介绍的方法,至少有以下几个方面的好处。

第一,增强了学生学习语文,特别是写作的兴趣。因为他们从来没有这样尝试过,所以就觉得新鲜、有趣,他们尝到了做小老师的滋味,同时又增进了同学们之间的了解。

第二,加深了教师对学生的了解,特别是对学生评价水平的了解,有时我们当老师的虽然觉得学生的水平确实不可恭维,但是如果我们已经更加深刻了解了我们的学生,这样就有利于以后的教学。

第三,学生评价水平的提高,反过来又会指导他们写作水平的提高。

当然,这种做法最主要的一点是要持之以恒。只有坚持,才能取得好的效果,但教师也不能完全放开,一定在教师的正确指导下。教师本身的水平,特别是评价学生作文的水平要提高,教师的评价方法要讲究,教师的评价态度要适当。另外,阅读水平也要相应得到提高,阅读的指导与训练也要得到加强,这就不是本文所能再论述的了。

新课程标准条件下语文教学的一点体会

“以学生为主体”的观念早已为人们所接受,然而如何在语文教学中使学生真正成为学习的主人呢? 我们在教学实践中采用了如下方法:

1. 让学生参与教学计划的制定。新的语文课程标准对教师备课和教学有着规定性和指导性的作用。每学期开学的第一堂课是学生一起学习新的课程标准,明确语文学科的性质及各年级的教学目标、重难点、教材的知识序列,在此基础上与学生一起制定本学期的语文教学计划,改变了以往学生被动接受的局面,变被动为主动。

2. 让学生参与教师备课过程。教材无非是个例子,其实讲课也无非是个例子。“教是为了不教”,让学生在讲读课上学到的老师处理教材的方法,自己运用到自读课上。学生依据单元教学目标及每一课的自读要求,确立教材的重难点,大体上理清课文脉络结构及教学顺序,写出教案,不能解决的问题带到课堂上,由大家讨论解决。

3.让学生走上讲台。教师选择内容、结构比较单一的材料,让学生登上讲台讲授,开始由教师辅导上台,然后由小组推荐到学生自荐。课型由朗读、复述型,再到分析讲解型。虽然在这一过程中,会出现错误,但有其他同学补充及教师修正,学生最终会获得正确的知识,也同时提高了自己的语文能力。

4.让学生参与考评。我们改变仅凭一两次考试成绩评估学生的办法,将期中、期末考试与平时的考查相结合,着眼于听、说、读、写的全面采分。这样可以克服单纯以一次考试评价学生语文能力的弊端。让学生根据单元要求及老师规定的考查内容、分值分配、试题结构,让学生自拟训练题,同学们互相交换答题,判卷,互相帮助克服测试中所发现的问题。由于拟题质量也在采分之列,学生出题的积极性和质量都较高,既复习了知识,也提高了能力,可谓一举多得。

5.让学生全员参与,区别对待,分层施教。

在语文教学中,要实施素质教育,很重要的一点就是要面向全体学生,让每个学生都参与到教学活动中去,为此,我们采取了分层教学的方法,让每个学生成为学习的主人,让不同层次的学生都得到发展。

(1)教学目标分层。

古人云:"教人未见意趣,必不乐学"。可见,没有兴趣的强制性教学,势必会扼杀学生的求知欲望,学生自然不会乐学。另外,必须承认学生存在着智力、能力等方面的差异,这就要老师在教学中根据不同层次的学生指定具体适当的学习目标,只有采取教学目标分层递进的方法,才能激发每一个学生主动参与教学的兴趣,增强每一个学生获得成功的信心,才能使他们变"被动式接受"为"主动式探索"。一般来说,教学目标可分为三个层次"A级基础层次;AA级技能层次;AAA级创造层次。基础差的学生完成A级目标,即基础知识,基本内容;中等成绩的学生完成AA级目标,即关键句子的理解、文章内容的分析、课文知识的课外迁移等;好的学生完成AAA级目标,即对文章的鉴赏创造。这些目标层层递进,不同层次的学生可根据自己的需要和基础选择目标,这样增加了学生学习的兴趣和教学内容的易接受性,使教学及学生参与达到最佳。

（2）教学过程分层。

不同层次的学生智力有差异,学生接受知识的能力便有大小强弱之别,教学过程中如果对每个学生都执行同一标准,势必导致强者兴趣过剩,弱者畏难扫兴。若采用分层教学的方式,既能保证每个学生都能达到基本要求,又能因人而异,使少数学生的个性得到发展,这样不同层次的学生都参与到教学过程中来,就能提高整体教学水平。教学过程分层有两个方面的意思:

①同一目标,异步参与。

在教学过程中,给不同层次的学生设置同一目标训练,三个不同层面的学生先后参与并学习讨论,相互启发影响,共同进步。例如:教学《中国石拱桥》一文时,为了让学生区别赵州桥和卢沟桥设计的不同,体会中国石拱桥多样的形式,可以设计这样一个问题:谁能在黑板上画上两桥的设计示意图? 教师可有意识的先请中等生在黑板上画图,然后再请优等生上台进行补充修改,最后再请基础较差的学生对照示意图进行说明解释。这样,目标虽相同,但全班同学都有了参与的机会,不同层次的学生都享受到成功的喜悦。

②不同目标,异步参与。

按学生的基础和成绩的差异分成好、中、差三个层次,并以此设计三个不同的目标,在实施教学目标的过程中,让不同层次的每一个学生都能"跳一跳摘果子"。各个不同层次的小组独立学习讨论,教师分别辅导,各不影响。例如,教学张晓风的《敬畏生命》一文时,基础较差的学生只需要掌握本文的生字、词语,理出文章的脉络和能提出不理解的句子;中等学生要把握文中关键的词语、句子,深入理解"生命的投资是豪华的、奢侈的、不计成本的",作者为什么"敬畏";好的学生则需进一步理解思考:这篇文章的内容有什么实际意义,在我们现实生活中有没有轻视生命的现象,引导学生提高认识,积累写作素材。这样,采取"分食制"的办法,每个学生都参与到教学过程中来,都得到了不同程度的满足。

（3）课后练习分层。

教学目标分层、教学过程分层,落实巩固知识自然也要分层。课后练习的分层,要由易到难、循序渐进的设计,学生可根据自己的实际情况,灵活选做。例如,学完《死海不死》一文后,可分层设计如下几个阶梯式的练习题:

①(巩固题)摘录抄写本文中的四字词语,并利用其中至少四个串写一段文笔流畅、内容充实的片段;

②(提高题)学习本文引用神话传说的说明方法,仿写一篇说明文;

③(发展题)要求优等生学习本文相反相成、矛盾统一的命题方式,模仿命题并完成写作。这样的设计,既避免了成绩好的学生"吃不饱",成绩差的学生"吃不了"的现象,又减轻了学生过重的学习负担,全面提高了学生学习的效率。

(4)综合评价分层。

对学生的综合评价具有导向、激励的功能。在教学过程中对不同层次的学生给以不同起点为标准的评价,能使学生获得成功的喜悦,有利于激发其学习的积极性,从而保持他们良好的心态和学习自信心。不同层次的学生只要能达到相应层次的目标要求,教师应给予适时的肯定,适度的鼓励和适当的评价,使之成为学生不断进取的催化剂。在语文教学中,实施分层教学可以帮助学生克服学习时的某些心理障碍,从而真正实现了语文教学面向全体学生的素质教育。

总之,让学生主体参与语文教学体现了教学的民主思想,它不仅使课堂激发出了活力,学生激发出了灵感,而且对培养学生的多种非智力因素,建立起新型的师生关系都有积极作用。今后我们将在实验中积极探索课堂教学的有效方法,从而大面积提高学生的综合素质及语文能力,为语文教学积累有效的教学经验,推动语文教改向深层次发展。

浅论语文课堂教学中的提问艺术

好奇之心人皆有之,强烈的好奇心会增强人们对外界信息的敏感性,激发思维,培养学生的有意注意力,培养学生的自主学习意识。因此,课堂提问,提问题要讲究发问方式,改变提问角度,使问题提得巧,发人深思,要力求新颖,讲求新意能激发情趣,切忌问题平平淡淡,老调重弹。例如:在讲《苏州园林》时,教师导入新课时可以这样设计问题:同学们,人们常说"上有天堂,下有苏杭,桂林山水甲天下,桂林美在山水,苏州美在园林,苏州园林有什么特点呢? 它美在何处呢? 下面同学们读《苏州园林》之后,回答老师的问题。"这样设疑导入,即创设了问题的情景,激发了学生的学习兴趣,又使问题的指向性非常明确,调动学生自主学习的积极性

1. 抓住契机,设置矛盾,激活思维。

学生对每篇课文的学习,不是一开始就感兴趣的,为此,教者应当深入钻研教材,抓住突破口,有意地给学生设置问题的"障碍",形成他们心理上的一种"冲突"。当学生急于解开这些"冲突"(问题)时,也就意味着进行了思维训练,对课文重点、难点的理解自然也水到渠成。如《死海不死》一文,一开篇可让学生思考:题目中的两个"死",是什么意思? "死"与"不死"矛盾吗? 文末又说"死海真的要'死'了",这个"死"又是指什么? 这一番提问,势必能激发学生对本文的兴趣,并急切地研读课文找答案。最后,当学生理解了"死"的三个不同含义时,也掌握了死海的特征以及形成过程。本来一篇看似枯燥无味的说明文却能使学生学得饶有趣味,关键在于教者如何结合教材实际,抓住突破口,把它转化成学生感兴趣的"问"。上海的于漪老师在教《孔乙己》一文时,就很注意发问的技巧。她一开篇就问学生,"孔乙己姓甚名谁?"这样一个看似简单却又难以一下子回答的问题,很自然迫使学生认真地研读课文。教者在此基础

上,接着顺势利导学生认识孔乙己没有名字的深刻性,解决本文的教学难点。可见,抓住契机,富于艺术技巧的提问,会让学生学得主动、积极。值得一提的是,课堂上设置问题的"矛盾",应从实际出发,不能故弄玄虚,把学生弄糊涂。

2. 提问变直为曲,引人入胜。

课堂的提问如果只是一味地直来直去,启发性就不强,久而久之,学生对这样的提问会感到索然无味,并在一定程度上妨碍了思维的发展。假如我们把问题换成"曲问""活问"的方式提出,就能迫使学生开动脑筋,并且要求他们在思维上"跳一跳"才能回答上。如在《老山界》一文中,引导学生分析红军战士在第二天吃早饭"抢了一碗就吃"中"抢"字用法时,学生可能一下子难以理解,那么可以换个角度来问:"'抢'字是否说明了红军战士不遵守纪律呢?"当学生给予否定回答时,又进一步启发学生:"'抢'在这里该如何理解? 例如小明今早起来晚了,当妈妈煮好早餐后,他抢了一碗就吃,然后急急忙忙上学去,小明的'抢'又说明了什么?"到这里,经过教者设置的"曲问"和引导学生的类比分析,学生对红军战士"抢"这一动作的理解自然明确了。又如《小橘灯》一文中写道:我低声问:"你家还有什么人?"她说:"现在没有什么人,我爸爸到外面去了……"如果让学生分析小姑娘话没说完的原因,可以这样问:"小姑娘话没说完就停住,是不是她不知道爸爸到哪里去了呢?"当学生给予否定回答时,又继续问:"既然知道爸爸的去处,为什么不直说?"有的学生会说"怕别人知道""当时不方便说",在这个时候,就可以提出关键的一问:"文章这样写小姑娘,表现了她怎样的性格特点呢?"很明显,因为有了前面第一处的"曲问",学生是比较容易理解小姑娘在此处"机警、乐观"的性格特点。所以说,这种要拐个弯才能找到答案的问法,不仅能激起学生思维的浪花,有时甚至产生"投石击破水底天"的教学效果。钱梦龙先生在教学中的"曲问",可以说是创造了提问的最高艺术境界。他在讲授《愚公移山》一文中就有两处成功的"曲问"(就是关于"龀"字和"孀"字的理解),结果效果是明显的。因此,因势利导、富于技巧性的提问,能有效地培养学生思维的各种综合能力,极大地提高教学效率。

3. 提问要注意分层次设计，化难为易，化大为小。

要上好一节语文课，单靠一两个提问是不够的，它需要教者站在高处，从整节课、从整篇课文来谋划，设计出一组有计划、有步骤的系统化的提问，这样的提问才有一定的思维深度，才能从多方位培养学生的思维能力。在实际操作中，教者可以根据教材特点，学生的实际水平，把难问题分解成易理解、更有趣的小问题，或者把大问题分解成一组小问题，层层深入，一环扣一环地问，逐步引导学生向思维的纵深发展，

这样的提问处理，学生肯定乐于接受。如《变色龙》一文，可以采用这种分层设问的方式进行教学。教者先提出问题：奥楚蔑洛夫的基本性格是什么？这个问题学生较容易回答出来——"善变"；然后再问：他"善变"的特征有哪些？这下学生的热情高涨，纷纷答"变得快""反复无常""蠢""好笑"等；在此基础上，教者继续问：他虽变来变去，但有一点是没变的，那是什么？学生由于有了前面的问题作铺设，可以不费劲地回答："看风使舵"。最后，教者就顺势利导，提出下面有一定深度的问题：是什么原因使他一变又变？作者为什么要塑造这个形象？请看，这样一组从易到难，环环相扣的设问，在教者的引导下，学生对本文重点难点的学习肯定容易解决。

4. "横看成岭侧成峰"的发散型思维的提问。

课堂中的提问，目的是使学生在掌握知识的同时，训练和提高思维能力，因而教者应注意提问的角度和问题的深度。善于从不同的角度启发学生，可以使学生掌握解决同一问题的多种解答方法，既拓宽思维的空间，又能培养发散思维能力。例如对一篇课文的段落划分，有时是不止一种划分的，那么就可以引导学生思考：假如按其他标准，又该如何划分呢？学生通过这些训练，就会明确原来解决问题的方法有时不是单一的。他们在以后的学习生活中，自然会举一反三，灵活变通。

学生在掌握了课本知识后，我们如果引导学生把这些知识与课外相关知识联系起来思考，就能扩大知识的利用价值。如在学习了《爱莲说》一文后，可以引导学生思考："莲"的精神品质可以与社会上哪些人联系起来呢？又如学习了"随风潜入夜，润物细无声"这一诗句后，可以问学

生：在实际运用中，它还包含着什么耐人寻味的哲理？再如学习了《卓越的科学家竺可桢》中竺可桢持之以恒的精神后，可让学生思考：哪些名人身上也具有这种精神？能具体说说他们的感人事迹吗？这几个思维发散的提问都是在原有知识的基础上，通过"问"，让学生想得"深"，想得"广"，并把"问"与阅读、写作、做人联系起来，能有效地促进学生思维能力纵向、横向的发展，有些还对学生加强了人文精神的教育。

古人云"学起于思，思起于疑"，创新源于"好奇"与"质疑"。课堂上适时适度富于艺术技巧的提问，能加快知识转化为语文素质能力训练的进程，是发展学生思维、保证和提高教学质量的有效途径。"不愤不启，不悱不发""千呼万唤始出来"使学生始终感觉到知识的"活水"源源不断。

新课标条件下怎样培养学生自改作文的能力

全球化基础教育课程改革的浪潮汹涌澎湃，涤荡着地球村的角角落落。我国也不例外，于是进行轰轰烈烈的第八轮课程改革，以期培养出全面的、高素质的、能为社会服务的人才。"要让作文教学成为素质教育组成的重要部分"是新一轮语文课改中以人为本的发展教育的重要组成部分。语文新课标中指出：作文课就是用自己的话表达自己的意思，作文是一个过程，表达的是对自我、对社会、自然和客观世界的认识，是自我意识的客观反应。作文是学生综合素质的体现，作文教学如何着眼于综合素质的提高，使人在发展提高中能写出文章，已成为作文教学的追求。作文的评改是作文教学中的重要组成部分，作文评改是学生作文素养的体现，对学生的发展起着重要的作用，因此，交给学生评改作文的权利，让学生成为作文评改的主人，培养学生自己评改作文的能力，具有重大的现实意义，也是新课标所要求的。

一、学生自己评改作文是素质教育和新课标的要求

1. 学生评改作文是现代社会发展的必然要求。

现代社会是一个知识经济的社会,是一个信息化社会。语言交际范围更加广泛,语言交际能力的培养和发展,有利地促进了写作能力的发展。而写作能力的发展,又提高了口语表达能力。同时,由于现代科学技术的飞速发展,社会分工日益细化,人们在工作生活中独当一面的机会日益增多,对工作、生活进行总结,交流自己的经验、体会成为生活的一个重要组成部分,这就需要人们进行写作,并不断进行修改,从而准确地表达自己的经验、情感。

2. 学生评改作文是现代教育发展的必然要求。

传统的语文教育中,"应试教育"成为学校的主导思想。考试成为教与学的指挥棒,教育教学活动都把目标指向了学生的分数这个结果,只注重知识的传授,而不注重学生情感的体验和发展的过程。教师为提高学生成绩,习惯于以灌输为主的填鸭式教学。在作文教学中,学生只能按教师喜好和意愿来进行作文,而学生很少有自己的真情实感。作文评改中,教师费神地精心评改,花费了大量的时间,而学生却是只看评语,不看内容;只完成任务,不提高认识。在这种模式下,学生没有作文兴趣和主动性,只能消极的被动的接受来自教师的思维定势,毫无创新自主能力。现代教育思想认为,学生是自身生活、学习和发展的主体,作文评改是作文教学的一个重要环节,同样,它应遵循现代教学规律,体现现代教育思想,把学生当作自身生活、学习和发展的主体,作文评改的权利应该还给学生。

3. 学生评改作文是作文自身规律的必然要求。

首先,写作是一种具有高度综合性、创造性的言语活动。其次,写作又是一种复杂的情感活动和心智活动。同时写作还是一种积极的情感过程,情感活动会贯穿作文过程的始终。在作文过程中,学生对生活的感受,学生在生活中的喜怒哀乐始终是作文的动力。因此,作文评改也是学生个体对自己独特感受的一种再认识,学生也是最具有权利的作文评改

者,而教师的作用只是教给学生作文评改的方法。

4.学生评改作文是学生自身发展的要求。

现代教育思想认为学生是自身生活、学习和发展的主体。在传统教育中,学生作文评改只能接受来自教师的意愿,按老师的意愿做出评改,而学生本人的意图和意愿则很少去考虑。现代教育思想充分尊重每一个学生,尊重每个人自己的感受和意志,这些感受和意志只能是自己的,别人是无法代替的。在作文评改中只有学生自己最清楚要表达一种怎样的情感和思想,通过作文评改,不断完善自己的作文,从而准确地表达自己的情感。

5.学生评改作文是新课改的必然要求。

每个懂得写作的人都知道:"好文章是改出来的,不是写出来的"。叶圣陶先生曾明确指出:"'改'与'作'关系密切,'改'的优先权应该属于作文的本人,所以我想,作文的教学要看重在培养学生自己改的能力"。《全日制义务教育语文课程标准(实验稿)》里也明确指出,要让学生"养成修改自己作文的习惯"是非常重要的。

6.学生评改作文是语文教学目的的必然要求。

语文课程标准中对语文课程有这样的要求,"指导学生正确地理解和运用祖国语文""使他们具有适应实际需要的写作能力,口语交际能力"。语文教学要达到的这样的目的,不仅要教给学生语文知识,更应该教给他们学习的方法,培养他们的语文能力。作文能力是人作为社会存在所必需的能力。作文与说话完全一样。作文就是说话,是用笔来说话。因此,每个学生都要学会写作,而作文评改就是写作的一种行之有效的方法,是理清自己思想的一个过程。

二、要让学生明确作文评改的内容

任何事物都有其存在的内容和形式,作文也是如此。学生评改一篇作文,也要从内容和形式两方面来考虑。作文评改的内容主要有以下几点:第一,文章内容方面,主要看主题(中心)是否明确,选材是否恰当。第二,表达方式(记叙、描写、议论、说明、抒情)是否符合文体要求。第三,在文章的形式方面,主要看作文层次是否清楚,详略是否得当,开头、结尾、过渡、照应是否恰当。第四,语言文字方面,主要看句子是否通顺、合理,句与句之间是否连贯,遣词造句是否准确、恰当。第五,在形式方面还有标点是否正确,书写、行款格式是否合乎规定。每次具体的作文评改,则要按照教材或教师的作文教学计划确定的重点,从学生的作文实际出发,一般要与作文训练的重点相一致。每次作文评改,内容要单一、重点要突出,以便使学生的注意力的指向比较集中,这样才能取得好的效果。

三、教给学生作文评改的方法

作文的评改,传统的做法是教师评,教师改,忽视了学生的主体作用和作文自身的特点。叶圣陶先生说过:"修改文章不是什么雕虫小技,其实就是修改思想,要它想得更正确,更完美。想对了,写对了,才可以一字不易。"这话讲得十分透彻。要修改"思想",靠教师显然是不行的,只能靠学生自己。因为教师的影响是外因,而内因学生才是作文修改的根本。所以叶圣陶先生主张"作成文篇之后,要放在那里,反复看几遍,有不妥之处就自己改,就是改正不妥当的意思和不正确的语句。"当然,这并不是说教师对学生作文可以不看不管,还是要"多启发,多指点"。但动笔改的,应当是学生自己。学生评文、改文的能力并不是说有就有,需要一个培养、训练的过程。首先,教师要提出明确的评改要求。在作文评改之前,要让学生明确评什么、改什么。任何一次作文训练,教师总要按训练计划提出训练要求。指导、评改都要以此为根据。第二,引导学生抓住文体特点进行评改。对于每一次作文,都会有不同的文体等方面的不同特点。作文评改是以一定的知识、能力为基础的,让学生动手评改作文,也是对学生能力的一种考查。在评改过程中,应该先让学生明白文体特点,然后参照评改要求进行评改。第三,提供范文,集体评改,做出示范。光有上述要求还不够,因为一般学生(特别是差生)往往意识不到所要评改的习作与教师的要求之间有什么差距,看不出习作的毛病在哪里。在这种情况下,教师可以提供范文。教师要组织学生讨论范文,使学生明确教师的要求在作文评改中是怎样反映出来的,从而从中看出规律性的东西。在这种情况下,教师的比较抽象的"要求",不仅能化为学生头脑中具体的感性认识,而且明白了怎样做才能达到这种"要求",学生也能悟出其中的道理。可以在教师引导下,集体评改文章。对于范文的选择,一般说来,应选那种文字上毛病不十分突出,在体现作文要求上较差,在本次习作中有代表性的文章供集体评改。还可以让学生朗读自己的文章,边读边改。第四,要指点学生评改的步骤。一般说来,评改文章,首先要着眼全局。全局的问题评改之后,再研究局部。局部问题评改完以后,还应从头到尾再读一遍。从全局出发,看一看评改的是否恰当。基本上没什么问题,才算定局。具体地说,作文评改要分三步走。第一步要看作文的内容与形式是否统一。第二步要从字、词、句、修辞、标点、书写、行款格式等方面评改。第三步要通改。看评改是否得体。第五,作文评改,要把握好"评"和"改"这两个关键。作文改得好,可以激发学生作文的兴趣,改得不好,容易暴露出学生在知识和能力上的差距。这有助于教师及时发现问题,把准症结,从而加强作文评改的指导性,有效地提高作文教学效果。评,就是对所评判的习作做一个恰如其分的评论,可以说,作文的评判又是一个再作文的过程。评语要对作文的内容、形式等方面做出恰当而准确的评价。评语要有针对性,主次要分明。第六,作文评改要循序渐进地进行。学生自己评改作文的能力不是一蹴而就的,需要一个训练的过程,因而,作文评改要循序渐进地进行。在训练中,教师可布置一些学生熟悉的生活进行片段训练,然后让学生进行评改练习。这样,从片断到小作文,再到大作文,学生评改作文的能力就会不断提高。

四、创造良好的评改环境

作文的评改,对习作者而言,是来自老师和同学的信息反馈。通过反馈的信息,习作者可以对今后的作文进行有效的调控。通过作文评改,学生对作文更有兴趣,更加充满热情。这就要求教师要为学生创造一个思维异常活跃的宽松的环境,使他们心灵得以自由地沟通,情感得以充分交流。第一,创造条件,形成交往互动的作文学习评改氛围。教师在组织学生评改作文时,要采取自评、互评、轮评等多种方法,充分调动学生的思维活动。尤其是轮评,一个人的作文往往几个人评,看法也不完全一致,从而引起学生活跃的思考,甚至争论,从而形成良好的评改氛围。第二,在作文评改中,教师始终要坚持赏识教育和成功教育。赏识自己的学生,赏识他们的文章,并且激励他们成功。第三,在学生作文评改中,教师要持之以恒,坚持不懈。在作文评改中,教师会遇到来自学校和社会各方面的压力,同时,这项工作加大了教师的工作量。因此,教师要持之以恒,坚持不懈。

总之,作文教学要从传统教学模式中走出来,以现代教育思想和新课改理念武装每一位语文教育工作者,以此来培养学生的作文评改能力,调动学生作文的积极性,从而提高学生的语文能力和语文素质。

谈语文教师在教学中应扮演的角色

语文教学是一台戏,教师只有演好自己的角色,才能提高这台戏的质量,然而许多教师在教学中往往越俎代庖代替学生思考,这不是语文教师应扮演的角色,下面我谈谈对语文教师应扮演角色的几点认识。

一、语文教师应在学生与教材之间扮演桥的角色

教材是语文知识的载体,学生是获取语文知识的主体。教师的任务是如何让学生从教材中获取知识,教师这座桥就是让学生走进教材,与教材交流,就是解决学生与教材交流时出现的障碍和引导学生怎样更好理解教材。教师不能把自己对教材的认识强加给学生,同时要承认学生对教材的理解的差异性,总之,教师要扮演好桥的角色,就是让教师不要越权代替学生思考,要让学生充分与教材交流。教师如何扮演好桥的角色呢? 首先,提起学生对教材的兴趣,否则就是桥搭了学生也不愿意通过。这一点我认为应从减轻学生阅读时的心理压力,提高学生感悟上入手,要

让学生感受到阅读教材是一种享受,而不是沉重的负担。教学时不让学生感到阅读就是为了回答问题和做"条块"式的分析,而要让他们感到阅读是为了感受一种美。其次,教师要设计好教材这个诱饵,充分挖掘教材中学生发现不了或感受不到的艺术美和思想美,使学生感到教材不仅是知识的载体还是艺术、思想的结晶,要让学生萌发从教材中感受到这些东西的欲望,最后是在教学中重点教给学生理解教材的方法,让学生运用这种方法获取知识。

二、在阅读上教师应做打开学生阅读视野大门的钥匙

教材的知识是有限的,课堂教学也是有限的,然而知识却是无限的,随着科学文化的发展,学生光学会教材是不行的,也是不够的,在语文教学上就是要求语文教师要不断发展课外阅读,开拓阅读视野。语文教师要做好打开学生阅读视野大门的钥匙,就不能整天围着课本转,要给学生创造良好的课外阅读环境,让学生从课堂学习走向课外学习。怎样才能做好开拓学生阅读视野的钥匙呢? 第一,培养阅读兴趣,要给学生阅读自由,比如阅读内容,除不健康之外不管历史、科技、社会等都可以读。第二,做好阅读指导,如怎样选书,怎样看书等都要做认真指导。第三,培养良好的阅读习惯,如每天定时阅读的习惯,记读书笔记的习惯,阅读中提问题的习惯等。语文教师做好学生课外阅读工作,不仅对课堂教学有帮助,而且对学生自身发展也是个促进,随着教学改革的深入,语文教师的这项工作显得越来越重要。

三、在学生人文精神的渗透上教师要做艺术感染的天使

人文精神不能靠强行说教传给学生,这样做会适得其反,人文精神传输重在熏陶感染。语文教师不能只懂一些汉语知识或修辞等语文理论知识就行,要加强修养,培养良好的人文精神,这样才能把自己的人文精神渗透到学生身上,教师要做艺术感染的天使,要做到以下几点:首先是情感上要丰富而真诚,"感人心者莫先乎情"。可以说语文教学是情感教

学,主要体现在学生与作者,学生与教师,教师与作者及学生与学生的情感交流上,通过交流来感受对方情感上的美,以使学生受到熏陶,从而内化为自己的思想情感;其次在言行上要有风度。言的风度即指教师的语言要有感染力,这主要包括语言的运用和表达上要有艺术性,行有风度主要一点就是用自己的行动来教育学生,做学生的表率。最后语文教师要有较高的艺术鉴赏能力和艺术修养,只有这样我们才能引导学生发现教材、生活中的美,才能引导其感受、创造这些美。

四、在创新精神上做学生的开路先锋

新的课程标准要求培养学生的创新精神,在传统教育上教师处于学生之上,如要求学生要听老师的话,要按老师要求的去做,似乎老师是真理之神,一切都是正确的,不容许学生对自己有半点怀疑,这些都不利于学生创新精神的培养。因此,语文教师要勇于担当打破这种传统教育思想束缚的开路先锋,要培养学生怀疑批判的精神,教师要超越自我,敢让学生向自己挑战。为培养学生的批判精神,我曾经给学生抄过这样一首童谣:现代教师武艺高,个个都会扔"飞镖",教学更是有法宝,不是作业就是考,班里纪律真是妙,不能说话不能笑,学生胆敢大声叫,马上把他父母找。这首童谣表现了学生对一些老师的讽刺和批判。一般老师是不会抄给学生看的。我的这一举动,主要是从我做起,做好自我批评,为学生做好示范。另外,在教学中多让学生谈自己的感受,说自己的想法,尊重学生的个性差异。

总之随着语文教学的发展,语文教师对自己角色不断有新的认识,不管自己扮演什么角色都是为了提高学生的素质。所以我呼吁语文教师要把学生的个性、创造精神、良好的语文习惯培养起来吧,这是语文教师的根本任务。

《初中作文写评改实验与研究》结题报告

内容摘要：本实验是全国中语会立项课题，自 2003 年 3 月开始启动以来，收获显著，2005 年 10 月通过了全国中语会的验收，受到专家的好评。作文教学是语文教学的关键，加强写前指导，重视写作过程指导，重视作文批改，重视作文讲评，重视方法指导是提高学生作文水平的关键。

关键词：作文写作 实验理论依据 实验内容和实验方法 实验的初步结果 课题的价值。

一、问题的提出

怎样提高语文教学效率，这是近年来全社会关注的话题，更是一直困扰语文教育工作者的难题。语文教学效率不高，又突出表现为写作教学效率不高。早在 1987 年国家教委委托相关方面对全国初三年级语文教学现状所做的抽样调查报告指出：语文教学存在的最突出的问题是："学生写作成绩不理想，实际应用语言文字的能力亟待提高。"这些年来，我国广大语文教育工作者从大纲制定、教材编写、教学方法改革等方面进行了许多有益的探索，不少学校效率有了明显提高，但从整体上看，语文教学效率低的并没有得到根本解决。针对以上现象，我们联系自身的工作实际，对初中语文教学现状进行了全面分析，发现学生水平低的主要原因有：

由于应试教育的影响，普遍存在重语文知识传授、轻写作能力培养的不良倾向，使多数学生没有掌握好本阶段应掌握的写作技能技巧。

从教学方法上看，大都采用单元训练中命题作文这一单调的手段，每学期训练的作文 6 篇左右，量少，质差。

从教学内容看，初中语文各单元光有写作知识提要，缺少写作技能设计，操作性欠强，导致了教学重阅读、轻写作的倾向。

以上分析说明,由于多方面原因,初中作文教学任务实际上没有圆满完成。针对初中生作文水平低,我们建立了初中作文写评改实验与研究教学研究课题,有计划、有步骤开展了实验活动,取得了良好效果。

二、实验目标

本课题实验旨在培养初中生的写作能力。针对初中生写作教学技能训练较差,手段单调等现状,我们在初中语文传统的读写结合的基础上,建立了初中生作文写评改教学模式:1. 说与写相结合;2. 评与写相结合;3. 教师导写、示范与学生练习相结合;4. 写作与发表相结合;5. 课内与课外相结合;6. 评与改相结合。实验遵循初中语文课程标准对写作训练的基本要求,以“写”为中心,以教师为主导、学生为主体、训练为主线,把阅读与写作、课内写作与课外写作、积累等多方面结合起来,最终突破写作难关,切实提高初中生写作能力的教学目的。

三、实验的理论依据

本课题实验的理论依据主要来自初中语文教学目标、学科教学论和系统科学方法论三个方面,可概括为三大原则:

1. 基础性原则。

初中阶段是义务教育的一部分,初中教学应围绕如何培养学生素质开展。初中语文课程标准上明确规定:指导学生正确理解和运用祖国的语言文字,使他们具有基本的阅读、写作、听话、说话能力,养成学习语文的良好习惯。培养学生能写记叙文、简单的说明文、议论文和一般应用文,做到思想感情真实、健康,内容具体,中心明确,书写规范、工整,初步养成修改文章的习惯。本实验的目的是以“写”为中心,评改为辅的原则,达到了培养学生语文素质的要求,体现了初中基础性的意义。

2. 整体性原则。

从系统科学的研究方法看,要求研究者把对象放在系统之中,从整体上、联系上、结构的功能上,考察整体与部分(要素)之间,部分与部分之间,整体与外部环境之间的关系,以求获得最优处理问题的方法。本课题重点培养初中生的写作能力,在实验的全过程中,既发挥了各要素的优势,又加强了各要素间的联系,互相补充、互相促进,使实验获得了整体效应,形成了初中作文教学改革的整体功能。

3. 实践性原则。

从学科教学论看,语文课是工具课。从培养初中生的写作能力这一项看,工具性更为强烈,技巧性更为复杂。知识可以传授,而能力、技巧的培养主要依赖于实践,本课题实验就是通过多方面调动多种教学手段落实,让学生接受实践训练,在实践中锻炼写作技巧,使初中作文教学理论接受实践检验,将课堂上所学的写作知识转化为实际操作能力。

四、实验内容和实验方法

本实验的基本内容是构建科学的初中作文教学体系,优化初中语文教学效果,强化初中生写作技能,它的实验方案即"初中作文写评改研究与实验",内容包括下列五大部分:

(一)"说"和"写"相结合

长期以来,在语文教学中,人们大都比较重视"写"的训练,而不同程度地忽视了"说"的训练,其实"嘴巴子"和"笔杆子"是相互制约、相互促进的,特别是面向21世纪,要培养高素质的人才,语文课作为工具课,"说"的训练应为素质教育中不可缺少的一项,为了既培养学生的笔头作文能力,又培养学生的口头作文能力,本实验要求在语文教学中将"说"与"写"有机结合起来。

1. 以"说"促"写"。

每堂课拿出前5分钟,按学号顺序训练两名学生,前一名三分钟演说,后一名一分钟评论,教师用一分钟评定记分。

演说的内容视学生的能力水平不同作不同要求,对于水平偏低的学生,可要求他们讲一个简短的故事,水平较高的学生,可让他们就一事或名言发表评论。初一的学生以讲故事为主,为了调动积极性,可以组织故事接龙活动,初二、初三的学生一般要求发表评论,可组织学生围绕"爱国篇""求美篇""奋斗篇"等专题进行分阶段的演讲活动。教师评定划等视学生个体差别、层次差异灵活操作,目的是让每一个学生得到锻炼,让每一个学生获得成功感。

训练从易到难。先是让学生自选题目,先做准备;然后过渡到教师先做定题,学生按题准备,最后对于作文水平较高的学生,由教师当场命题(小预备铃后出题),学生即兴演讲。说的方式也由诵说过渡到脱稿演说。

在开始阶段,学生为了讲好,都先写好讲稿,并已熟记。有的甚至还对着镜子练习过了,这在"说"之前实际上就训练了"写"。学生演说完了,师生评论,再将讲稿写成一篇课外小作文,便达到了以"说"促"写"的目的。

2."说""写"并举。

在训练学生"说"的同时,不知不觉地训练了学生写发言提纲、写发言稿、写演讲稿,甚至是编故事,也就不知不觉提高了学生的说话水平和写作水平。另外,可以安排说话课,开展辩论会和泛说口头作文等活动,辩论可训练学生的反应能力,学生辩论之后,教师可让他们将辩论内容写成作文;泛说口头作文是由教师命题,让学生围绕题目自由口头作文,然后再让他们写成书面作文,这样把口头作文和书面作文结合起来训练了。教师还可以在课堂教学中有意识地就课文中的某些重点、难点安排一些课堂讨论,在课外安排一些影视评论活动,讲座后让他们写成小论文。通过持续培养学生的"说",逐步提高他们的说话技巧,引导他们从写发言提纲到积极发言;从课前即兴演讲到课后写演讲稿;从讲故事到编故事,从课内外讲座到撰写小论文。从而使"说""写"互相促进,同步发展。

(二)"评"与"写"相结合

传统的作文教学一般采用学生"写"、教师"评"的教学模式,绝大多数学生都把教师评改当作每一次作文的终结。事实上,教师的"评"往往流于形式,他们没有那么多的时间和精力适时地、有针对性地去指导每一个学生。而学生每写完一篇作文后很需要这样一种指导,他们很想教师对下列问题作出回答:老师喜欢我这篇作文吗? 他能给我们提出很好的修改建议吗? 与其他同学相比,我写得怎么样与上一篇相比,这次又怎么样? ……总之,他们迫切期望从教师那里得到修改习作的具体意见并学到一些修改文章的方法。

要满足这许许多多的期望,要尽可能多地向习作者提供有效的反馈信息,那么,学生的作文不应该只有唯一的反馈源——教师。如何解决这一矛盾呢? 本实验要求教师帮助他们建立一个完整的反馈系统,即以学生为主体的习作评价系统。具体做法是:每篇习作写完后,依次分五个阶段进行评价:1. 自改自评;2. 同学互评;3. 小组评等;4. 教师总评;5. 全班讲评。第一阶段:"自评自改"。文章写完后,学生先自查自改,然后各自就文章的立意构思、布局谋篇等作法,写出简短的自我评价附于篇末。第二阶段:"同学互评"。即利用同桌或邻座的有利条件,在两个同学之间互相批改作文的方法。它要求在已学会自改自评的基础上进行,因同桌或邻座的方便,批改可在随时切磋研究中进行。教师可鼓励学生通过小声交谈、询问、征求意见等方式来提高互评的质量。在初学阶段,要求学生先写好"评语"草稿,交习作者审阅,提出异议("反评"),讨论再改。教师应倡导学生充分发挥信息双向交流的效应,使"互评"始终充满着一种平等、友好和融洽的气氛,同时予以适当指导并帮助解决"互评"中出现的疑难问题。同学互评实际上是学生都具有了"读者"和"作者"的双重身份。——一方面他们为了使自己的习作赢得读者的喜爱,写作态度比以前认真多了;另一方面,又为自己能评头论足地评价别人的习作而感到兴奋,在评价别人习作,认真写出评语时,又联想到自己习作的得失。在自己"写"时期待着别人"评",在"评"别人的习作时又想到自己的"写"。第三阶段:"小组评等"。为了扩大反馈面,让其习作与班上其他同学的习作比较,"同学互评"后就进入"小组评等"。每组由教师指定一名习作尖子任组长,由小组评议划等。小组评等的关键在于发挥群体优化作用。第四阶段:"教师总评"。教师总评时,在看到原习作的同时,还看到了学生自评和学生相互评价。这当然能更多地了解到学生的写作实际。此时,教师不必把自己对学生习作的所有看法都摆出来,而应针对不同学生和同一学生的不同阶段精心选择,对最突出的问题进行评价,使每次评价恰到好处地发挥效应。教师的"总评"要强调"促进性",要善于肯定每个学生的点滴进步,促进每个学生的发展。第五阶段:"全班讲评"。这个阶段教师只需要抽出各组评等和自己总评有代表性的习作在全班进行讲评,同时,有计划、有步骤地教给他们一套"评"和"改"的方法,讲评以后,要求他们根据各自所得的全部反馈信息,再对自己的习作做一次全面的修改,最终达到帮助全体学生提高的目的。

显然,"写"与"评"(包括口头评论与书面评论)相结合的活动促进了学生的互相激励和互相帮助。一篇原本存在许多不足的习作通过习作者本人、同学、小组、全班及教师的多次评改,最终被修改成一篇令人比较满意的文章。通过这一活动,不仅促进了"写"而且学会了"评"和"改",更为难得的是,养成了学生自己动手修改文章的好习惯。

(三)"导写""示范"和"练习"相结合

写作是一种借用语言符号系统展示多种能力的复杂的创造性精神活动,而精神活动的内容必须变化为具体成果才能最终脱离活动主体而获得独立存在的价值。正因为写作是一种复杂的创造性活动,所以要求教师应注意手把手地教给学生一些真功夫,还应"下水"和学生"同泳",写出让学生观摩的范文,直接起示范作用。

1."导写"和"练习"相结合。

布鲁姆指出"学到的观念越是基本的,则它对新问题的适用范围就越宽广。"因此,我们构建"课文——模仿——创作"法,这种方法注重教师以课文为范文,在课文教学中让学生有目的地模仿课文的写法练习作文,它通过教师引导模仿活动,使学生在最短的时间内获得最基本的方法,从而取得明显进步。

指导学生"搭框架"。对写作方法或课文标题具有辐射性的课文进行教学时,结合对课文结构分析,让学生模仿这种结构进行创造性移植。即把文章框架移出来让学生按框架写作。

学生可模仿这种框架,写托物抒情的文章。如写《小草颂》《秋菊赞》等等。

白杨树
{
景美（环境）——————————————————————————————
形　美——————— | 总分总 | 干枝叶皮 |——————— 象征抒情
神　美——————————————————————————————
}

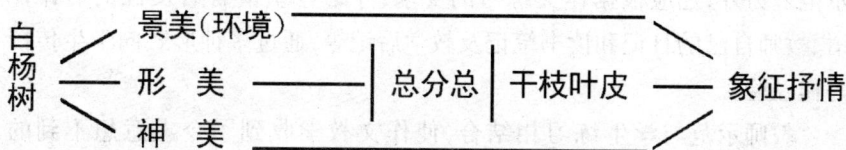

再如：学习《我的老师》时，教师可以让学生找曾经影响自己最深的一、二件事，为《我的＿＿＿》进行搭框架，然后写成文章。

用"框架"导写法，发挥了课文的示范功能，学生学有所本，可以在教师指导下分类掌握各种作文布局谋篇的方法，在模仿中练习，在练习中形成写用技能，为以后灵活写作打下基础。

指导学生"写段子"。在教授课文时，教师可就课文某些精彩段落让学生仿写。学生在仿写"段子"时，会学习课文段落的生动语言和精彩的表现手法。这种摹写训练可提高学生的语言学实际运用能力，对培养学生语感有很大的好处。

2. "示范"与"练习"相结合。

教师写出让学生观摩的范文，手把手地教学生写作方法，这不能不说是写作教学改革的突破口。在其他学科教学中，如美术教师为学生范画；音乐教师为学生范唱；体育老师为学生做示范动作。这样做一遍比讲十遍效果还要好。然而写作课教师很少示范，这的确是作文教学的严重缺陷。近年来，《语文学习》特辟"师生同题作文"专栏，倡导广大语文教师写"下水"范文，实乃明智之举。本实验要求初中语文教师为学生写作一定量的"下水"范文，帮助学生加强写作技能训练。为了使教师"下水"范文真正起指导作用，所写范文应做到以下几点：①针对性。即学生写什么，教师写什么；要求学生做到的教师事先做到。有的放矢，通过下水文有计划、有步骤地解决学生习作中存在的共同性问题。②及时性。教师应在学生作文课的前一周写出范文让学生观摩。当然，能更早一点拿出自己已经发表的作品示范，其效果会更佳。③示范性。教师的"下水"范文在观察、构思、立意、语言等方面均能给学生示范。④多样性。对作文教学中各类体裁和各种形式的文章，教师最好都能拿出一篇习作给学生示范。另外,还应根据作文练习的要求,介绍一些富有启发性的习作评语、教师自己的日记和读书笔记及教学后记等,通过多种形式向学生传授写作经验。

教师示范与学生练习相结合,使作文教学收到了令人意想不到的效果。

1. 调动学生写作的积极性。尽管教师的"下水"范文没有名家名篇精美,但因为是教师自己的作品,使他们读起来格外亲切。特别是当他们看到教师发表了"下水"范文时,一个个评头品足,或争论,或点评,或背诵,或诵写,跃跃欲试,有的甚至还想与教师比一比高低。

2. 提高了初中语文教师的"导写"水平,让学生学有所本,使作文教学不再停留在要这样写不要那样写的空洞说教上。

当然,"导写""示范"对教师无疑是一种压力,它需要教师全心全意地去组织作文教学全过程,努力追求理论和实践的贴近,久而久之,教师的创造性或许被逼出来了,教师对学生的写作指导就得心应手了。

(四)"写作"和"发表"相结合

叶圣陶先生说过:"写作的根源是发表的欲望,如同说话一样,胸中有所积累,不吐不快。"(《叶圣陶陶语文教育论集》第434页)教师组织学生投稿,有意识地鼓励、帮助学生让其习作得以发表,这对提高学生的写作兴趣,激发学生的创作热情,培养学生的创造力,都是十分有帮助的。当学生看到自己的习作变成铅字时,便"一发而不可收",那高涨起来的写作热情是不言而喻的。教师在指导学生进行写作和发表相结合活动时,应做好以下工作:

1. 创设发表园地。(1)书面发表园地:先鼓励学生在班级黑板报、班刊、团刊、校广播站、文学社社刊等园地发表自己的习作,然后逐渐将他们的习作推荐到有关的报刊。(2)口头发表园地:定期组织学生优秀习作朗诵会、文学沙龙、即席演讲等活动。

2. 组织参赛活动。先是在班内和校内定期举行一些专题征文和作文竞赛活动,然后引导写作水平高的学生参加省、市乃至全国性作文大赛,让他们从中检验自己的写作水平,促其不断进步,不断提高。

通过以上活动,最终促使他们形成写作与发表相互促进的良性循环。

当然,这是一个渐进的过程,它要求师生双方都付出持续的长时期的艰辛劳动。

(五)"课内"和"课外"相结合

从学生的阅读和写作实践活动中,我们可以得到这样的启示:凡是阅读和写作能力较强的学生无不得益于课外,本实验要求教师有计划地组织和指导学生的课外阅读和课外写作活动。

1.指导学生课外阅读。(1)指导选择读物。为了克服阅读的盲目性,提高课外阅读效率,教师可以组织实验班学生自费订阅对学生写作有指导作用的文学报刊。有计划地开展读书活动和有计划地安排学生假期阅读一定量的文学名著。(2)教给阅读方法。结合实践,让学生分清精读、略读、浏览等多种读书方式的不同要求和目的。在注意阅读效果时提高阅读速度。(3)指导写读书笔记。要求学生根据自己的需要,做不同形式的笔记,对学生的写作有明显的促进作用。如有的学生收集了几十种文章的开头和结尾方法,从中找出规律性东西,自己写文章时就克服了单调的写法。(4)举行读书经验交流活动。为课外活动持续、健康地开展下去,使之形成一种良好的习惯,教师引导学生定期开展不拘形式的读书经验交流活动,抽查(包括互查、互阅)读书笔记本。(5)定期分层举行语文课外活动。

2.指导学生课外写作。(1)在各班成立写作兴趣小组,在全校范围内成立文学社,培养写作尖子。利用课外活动的时间,给他们上写作辅导课,对学习尖子提出更高的要求,让他们担任小老师,带动全体。(2)定期抽查课外习作,适当指导并传观优秀习作。

3.在课外积累中开启写作心理。(1)教师指导学生课外欣赏文学作品,教给学生欣赏的目的和方法。(2)要求学生写好读后感。通过写读后感,潜移默化地培养学生正确的世界观,提高审美情趣,丰富情感,为学生创作打好思想基础。(3)指导学生观察生活,教给他们观察的方法,培养学生的观察力。教师结合实际,教会学生定点观察、移步观察和对比观察,让学生在观察活动中逐步养成敏锐的观察能力,这是学生关于作文的基本能力。鲁迅先生说:"今后如要创作,第一是观察。"(4)在观察的基础上培养学生的想象力。指导学生把观察的结果写成观察日记,并且让学生将观察日记的素材组织创作文章,在这种写的过程中学生头脑再现了事物,把各种表象综合成了新的事物,这就训练了学生的想象力。叶圣陶先生说:"想象不过是把许多次许多方面所观察到的融合为一,形成一件新事物罢了。"

4.指导学生将课外积累用于课内写作。教师应结合课外积累在课内作文训练中教给学生选择材料、挖掘材料、剪辑材料的方法,培养学生运用素材的能力。我们的具体做法是根据马克思否定之否原理,构建"放——收——放"三步骤教学。(1)"放",即让学生自由作文,将自己积累的生活素材灵活搬到作文本上,这一阶段的目的是培养学生观察力和创造性思维,让学生大胆地说出自己的心里话,使学生懂得作文即"我手写我口"的真谛。(2)"收",即培养学生处理材料的能力,运用同题作文,同题材不同立意、不同体裁的作文训练,教会学生综合运用材料及从不同角度思考问题的方法。(3)"放",它是在"放、收"的基础上的升华,要求学生以正确的世界观,以较高的审美品味,以明确的目的进行作文,注重引导学生进行社会调查、采访,训练他们写出有时代气息、有社会使命感的高质量作品。值得注意的是,课外阅读和写作不是盲目的,而应成为课内的有益补充和延伸。

总之,"写评改"实验遵循初中语文课程标准对听、说、读、写训练的基本要求,以"写"为中心,导写、示范和训练为主线,把阅读和写作,听说和写作,评改和写作,导写、示范和练习、发表与写作,课内写作与课外写作、积累等各方面结合起来,全面系统地进行读、写、听、说强化训练,从而达到听、说、读、写并举,最终突破写作难关,切实提高初中生写作能力的教学目的。

五、实验的基本步骤

本实验以"写评改"为教学模式组织初中 1~3 年的作文教学,在作文教学中注重记叙、说明、议论训练的有序性,按照由片断到篇章、由简单到复杂、由易到难制定各类文体的训练序列,其中以记叙文训练贯穿 1~3 年作文教学中。全实验分三个阶段进行:

第一阶段:初中一年级。

开始进行记叙文序列训练。让学生由写事、写人、写景的片断训练进入篇章训练,要求学生写出卷面整洁、语言通顺、要素齐全、清楚、内容具体、中心明确的记叙文。

第二阶段:初中二年级。

1.课内开设半命题、命题记叙文训练,教会学生审题、立意、选材,要求学生能综合抒情、议论等表达方式习作,写出 500~600 字,感染力较强、语言生动的记叙文。

2.说明文序列训练。

第三阶段:初中三年级。

1.要求学生根据自己调查、采访捕捉灵感,写出立意高、构思巧、语言美,有生活气息,有时代风貌的好记叙文。

2.继续进行审题训练,为中考作准备。

3.进行话题作文序列训练,与高中作文教学接轨。

总之,"写评改"相互渗透,连成一体,贯彻初中语文教学的始终,共同作用于初中生写作活动的全过程。

六、实验的初步结果

根据本实验的理论假设和实验目标,我们对本课题的实验结果进行了检测和评估,总结如下:

通过"写评改"实验,将方案的六个方面作用于学生身上,大大提高了学生阅读的兴趣,养成了写读书笔记和日记的习惯。抽样调查,92.8%

的学生在方案实施两年后,不自觉地养成了阅读习惯,写作水平相对以前有很大提高;提前五分钟的讲评,锻炼了学生的发言胆量,培养了学生讲话的逻辑思维,为学生今后步入社会打下坚实基础。特别是在实验过程中,老师自身的素质得到了提高。实验教师的论文多次在全国刊物上发表或获奖,在整体推进上,实验老师相互学习、相互提高的势态越来越明显,在辅导学生方面,有36人次获全国作文竞赛一、二等奖,其中李玲、胡慧等40余名同学的作品分别在《作文周刊》《青少年文史》《作文》等20多家刊物上发表。

实验班与对比班写作、获奖、发表情况比较(2005 年 7 月)

项目 班别	人数	市级 获奖情况	市级以上 获奖情况	市级以上刊 物发表情况
初三实验班	61	8	5	15
初三对比班	59	1	1	0
初二实验班	63	5	2	13
初二对比班	61	0	0	0

从实验过程中可以看出,实施"写评改"作文教学方案不但提高了学生的写作兴趣,实验班的语文学科总成绩有了较大提高,有的甚至远远超出其对比班。

实验班与对比班语文考试成绩比较(2005 年 7 月)

项目 班别	人数	及格率	优秀率	平均分	综合值
初一 实验班	55	50/55	24/55	77.85	134.55

初一 对比班	56	38/56	9/56	72.40	83.93
初二 实验班	55	51/55	28/55	79.42	143.64
初二 对比班	55	32/55	8/55	74.35	72.73

实验班与对比班语文考试成绩比较(2004年12月)

项目 班别	人数	及格率	优秀率	平均分	综合值
初三实验班	55	52/55	30/55	80.27	149.10
初三对比班	56	36/56	18/56	73.66	96.43
初二实验班	60	50/60	32/60	76.62	136.66
初二对比班	59	34/59	25/59	70.08	100.00

七、论证

(一)课题的价值

本实验的目的是培养初中生的写作能力,实验逐步深入,效果亦日趋明显。从实验中我们体会到本教学研究的价值所在:

1.遵循基础性原则,为培养学生基本素质、技能,构建了科学的初中作文教学体系。

本课题旨在探寻解决语文教学效率低的问题的途径,重点解决初中生写作水平偏低的问题。我通过以"写"为中心,把"听、说、读、写"四项并举的实验,作用在学生写作能力提高的同时,促进他们说话、阅读、听话能力的发展,反过来其他三项能力也促进了写作能力的发展,使"听、说、读、写"相辅相成,共同长进,全面地提高了学生的语文素质,为学生将来发展打好了坚实的基础。

2. 遵循整体性原则,优化了初中教学手段。

本实验以系统科学方法论为理论依据。"五结合"十个方面构成一个整体,形成一种合力,作用于培养初中生写作能力,优化了初中写作教学手段。在实验过程中,能发挥各要素的优势,又加强了各要素的联系,互相补充、互相促进,获得整体效应,形成了初中写作教学改革的整体功能。

3. 遵循实践性原则,强化了初中生作文技能的形成。

好何提高语文教学效率?不少专家指出:"道德应从认识论上,把分析式教育模式转到实践的语文教育观上来。著名语文教育专家刘国正在《我的语文工具观》一文中指出:"语言是技能性很强的工具,语言技能的获得、发展和完善,主要领先语言实践……",与数理学科相比,语文更多的带有感性色彩,带有技巧性和艺术性。它与唱歌、舞蹈、绘画等艺术是相似的,除应具备一定的基本知识外,更多地依靠反复实践,熟而生巧,巧而生艺,本课题"五结合"调动了各种教学手段来加强学生写作实践,全面提高学生的写作水平和形成写作技能。

4. 遵循"三为主"的教学原则,建立了较完整的初中生写作基本功训练网络。

本实验"五结合"的十个方面连成一体,贯彻于初中语文教学全过程(课内与课外),对初中写作基本功进行了全面训练,整个教学研究始终遵循以教师为主导、学生为主体、训练为主线的教学原则,保证了学生在教学中的主体地位。本实验训练由点延伸到线,共同组成了初中生写作基本功训练网络。

(二)问题研究

本课题要切实完成初中写作教任务,初中语文教师必须在提高自身写作水平的同时,获得指导学生写作的全套本领。课题实验教师应进行继续教育弥补自身的不足,在教学中切实提高自己写作、导写水平。

学生写作技能的培养,主要依赖于实践,应建立初中生写作基本功训练网络,采取多样化手段开展训练活动,如:课堂训练和课外自练相结合;平时训练与竞赛活动相结合;自觉训练和考核评价相结合;单项技能训练和综合技能训练相结合。逐步使训练由点延伸到线,由线编织成网络,由网络形成序列,最终由序列构建系列化、制度化、操作化的训练体系。

编写出比较系统又易于操作的写作训练教案,满足初中生写作训练需要,还可在编写教案基础上发展为编写系列化训练教材,弥补语文教材中写作技能训练的不足。

综上所述,本实验旨在发展学生能力,培养学生语文素质,对解决初中语文教学效率低、作文水平差的问题具有重大意义。通过以上方案构建论证,本课题组成员一致认为本课题应用在初中作文教学中切实可行。实验虽然取得了一定的成效,但还存在许多不足之处,随着素质教育改革的不断深化,我们的这项教学研究也将在实践的基础上不断改进,不断完善。

改革作文教学方法,提高学生作文水平

作文教学是语文教学的一个重要组成部分,学生语文学习的怎样,作文可以作为衡量的重要尺度。我在二十年的语文教学中,积极探索语文教学的新路子,从作文的写作评改入手,收到了较好的效果,具体的做法如下:

一、加强作文写前指导

多年来我十分重视作文的写前指导工作,这一环节相当重要不可小视,我主要从以下几个方面进行:

1.指导学生审清题意。

写好作文的关键是审清题意。不管是直接命题还是间接命题,命题的文字都有一定的含义,只有从题面深入到题内,才能把握题目的真正含义,文章才会不离题。例如:命题作文《这件事发生在我们班里》,我向同学讲清:题目中"这件"是"这一件"的省略,因此要注意是"一件"而不是"几件"。事情是发生在"我们"的班集体中的,而不是发生在其他的班级中。所写的事情可以是上课,也可以是课后的;可以是校内的,也可以是校外的,如:春游、参观等;涉及的人可以是一个同学或老师,也可以是若干个同学或老师。

2. 指导学生取材立意。

审清题意以后,接着就要指导学生取材立意。取材的过程往往也就是立意指导过程,有了题材,多半也就有了认识。材料就是学生的所见所闻,认识就是学生的所思所感。指导学生选取材料有两条途径:一条是指导学生接触生活,取得第一手材料,形成新经验;一条是指导学生回忆生活,引起联想,借助已有的旧经验。例如:学校在清明节组织学生到马鞍山瞻仰烈士祠,在活动前,我就给学生出了一道作文题《马鞍山游记》,要求学生在参观中观察要细致,要了解马鞍山的风情、传说。返校后,作文之前向学生讲清:这篇游记应该记叙马鞍山的景物、名胜并兼写风情、传说、革命战斗故事。好的游记,不仅再现大自然的风光,而且还向人们介绍历史地理知识和当地的风土人情,给读者一种综合的美的享受。这篇游记要通过写景状物,向读者介绍马鞍山的自然景观、历史传说、风土人情以及它的过去和现在等,从而歌颂祖国的大好河山,抒发热爱大自然,热爱社会主义祖国的真实感情。

3. 指导学生进行构思。

构思就是打腹稿。构思指导就是指导学生在头脑里整理材料。构思的内容主要是指导学生构思出文章的开头、中心和结尾三部分的轮廓,然后按照这个顺序去写,构思有时可以和取材立意同时进行,有时可能是个独立过程。例如:初一学生学了《一件珍贵的衬衫》后,要求学生写一篇《一×珍贵的××》,我指导学生进行构思:开头写物(一物品),由物引出事,中间写往事的起因、经过、结果,结尾写自己的感想。在黑板上板书:物(一物品)事(往事)感(感想)。学生根据黑板上的构思指导,写起来就不会感到困难了。

4. 指导写法。

各种体裁的写法各不相同。记叙文要交代时间、地点、人物和事情的起因、经过、结果。说明文要按一定的说明顺序进行写作并且要运用一定的说明方法。议论文要论点明确、论据确凿、论证周密，要根据不同体裁、不同题目，分别进行写法指导。例如：命题作文《记一次争论》，我指导写法时，向学生提出：第一，要写清楚事件的前因后果。争论总是在一定的地点、时间、场合、人物之中进行的；争论一般要有开端、发展、高潮、结局。因此，写争论既应把双方的矛盾冲突作为重点，又应交代清楚事件（争论）的基本要素。第二，要写好人物的语言。争论离不开语言，因此，要写好争论双方的语言。同时，还要注意人物的神情、姿态、心情、场内气氛等。又如，初一学生学了说明文之后，我就要求学生写一篇说明文《我们的学校》，我向学生讲清：第一，这篇文章的体裁应该是说明文，因此，文章应按照空间方位顺序进行介绍说明，空间方位的说明顺序应该是：从外到内，从北到南。我们学校的特点是：布局合理，环境优美，但文中不能过多抒发自己对学校的热爱之情。第二，要准确使用举例子、列数字、打比方等说明方法，运用这些说明方法来说明我们学校的特征。

二、改革作文的写作形式

作文教学效率低一直是困扰语文教学的一大难题，其根本原因就是训练方式单一，学生感到枯燥乏味，我在作文教学中努力探索作文训练的新形式，使学生的作文兴趣大增，效果好。

1. 忆写。

忆写是教师用一定方式提供文章，让学生根据要求回忆写文章的一种写作形式。忆写的方法主要有：（1）片断忆写。针对学生作文中的弱点或结合阅读教学中课文的主要写作特点安排训练，如人物的外貌、心理活动的刻画、连贯动作的描写等等。内容单一，范围广泛。经常进行片段忆写，为培养学生的综合表达能力打下基础。（2）扩展忆写。教师给出某种梗概性材料,让学生用自己的生活经验或阅读所得的知识,进行扩展描述,加进一些创造性内容,补充文字本身未提供的种种细节,使其充实具体,形象鲜明。(3)接续忆写。口述或朗读某篇文章的开头或前半部分,由学生接下去把全文补充完整,在提供的内容中已经提示了文章的中心,可预见情节的发展趋势,学生无须审题,只要充分想象,具体选材,组织语言即可。(4)忆写梗概。指导忆写结构比较复杂的文章,可先做忆写梗概的练习。在指定范围内用较原文少的语言表达原文的基本内容。要帮助学生把握文章重点、要点、分清主次,删除枝叶,保留主干。(5)忆写全文。让学生从头到尾忆写一篇完整的文章,这和书面命题作文很相似。书面作文可不受篇幅的限制,而忆写则以较短小为宜,所以教师选文要选一些内容较集中,写法较单一的文章。

上述这些忆写练习的方式在教学实践中可以相互配合,灵活运用。在具体指导时须注意以下几点:(1)讲清要求,确定内容。要加强目的性教育,示范引路,消除学生的畏惧感。按预定的目的计划,确定忆写文章的范围,教给学生有效的记忆方法。同时选文内容要有趣味,切合学生的水平、口味、现实生活的需要,要富有时代生活气息,又能对学生进行思想教育。(2)因文而异,形式多样。忆写一般安排在课内,可作为语文教学内容的一个部分,也可以作为语文教学活动的一种形式。忆写内容一旦确定,教师可根据内容的需要采取多种形式:有时可用富于表情或配合适当的姿势动作,加强生动性;可用启发提问思考的方式,使学生大脑保持一个优势兴奋中心;有时可让学生自己复述文章,教师补充修正;有时可口头即席创作;有时可借助教具,讲解演示,提高兴趣。(3)循序渐进,讲究实效。开始多搞识记性的,尽量用文中言语。第一次忆写往往像默写课文似的,为帮助学生掌握要领,还要不断练习,逐步引导。学会围绕中心词组材,对文章内容有目的的取舍,然后再提高要求增加一些创造性的忆写训练。对忆写作文好坏的评定要看内容合乎要求与否,语言是否准确,思维是否清晰,全面衡量。以实际出发,对优缺点予以恰当的评价,多从鼓励的角度入手,特别要注意差生,既不过分表扬,也不讽刺挖苦。

总之,学生讨厌作文往往是因为无话可说,或者是"身在宝山不识宝",因而调动不起积极性,视写作文为畏途。而忆写则立足于"调动"二字,可免除学生"无米之炊"之恼,又不局限束缚思路,留有广阔的想象余地。写法有借鉴,思路有提供,语言有采用,要求有区别,思想受教育,符合"因材施教"的原则,相对原文而言,有时还可收到"青出于蓝而胜于蓝"之效。我在一个班进行忆写实验,而在另一个班按常规写作,经过一个学期的实验,实验班的学生作文水平有了较大提高,有十余人的文章在各级刊物发表文章或获奖,期末考试实验班学生的作文成绩比普通班学生平均分高出五分以上,成绩显著。

2. 仿写。

仿写是依照一定的范文学习进行作文。它是模仿者对模仿对象有了一定的理解后的自我训练。仿写过程既是对模仿对象加深认识的过程,又是作者自身学习、创造和掌握知识的过程。从教育学角度看,仿写符合直观性原则的教学法;从学习写作的规律看,从仿写到创造,这是个必然的过程,是一个重要的法则。自古以来的文学巨匠,都是从仿写、吸收、学样这条路上走出来的,宋代魏庆之说:学诗须是熟看古人诗,求其用心处。茅盾讲"仿写"是"学习的最初形式""是创造的第一步"。郭沫若也谈到"仿写"的妙处,鲁迅因为早年脑袋中装了百个俄罗斯的小说才有了《狂人日记》,由此可见,仿写作为作文教学的一种手段是必要有效的,尤其在写作刚刚起步的时候,易入门,却收到事半功倍之效。我在作文仿写指导中分以下几个步骤进行:(1)研读作品,也叫感性认识。每教学生写一种文体或一个知识点,先让学生研读这一类型的文章。为了让学生把文章读懂读透,我在每篇文章后再配上思考练习题。这一步骤主要是学生自读,做思考题。(2)讨论、分析范文,归纳写作理论知识,这一步也叫理性认识,这一步主要是教师的分析归纳,也可由学生讨论归纳,教师适当点拨。实施这一步骤要注意两点:一是它与平时向学生传授写作知识的过程不同。一般向学生讲解写作知识总是先讲理论后举例子印证,而这一步正好相反,它是在分析讨论具体文章的基础上归纳出写作理论的。二是归纳出来的写作理论知识要形成一定的格式,即要"框框条条"化。当然也许有人说,这样会导致学生作文"公式化"。这种看法是失之偏颇的。作家学者学生不必按"作文教程"的条条框框创作,但也不会违背那些条条框框,可是我们指导的对象是中学生,他们现在最需要掌握学会写文章最基本的格式,只有学会了这些基本格式,才会冲出这些格式。孟子说"大匠能予人规矩,不能使人巧"。梁启超说"于规矩处求巧"。叶老讲作文要"先求通后求好"。因此,只有"文有定法"然后才能"文无定法"。学生是完全可以依"框框条条"去进行训练的。(3)写作练习。这是让学生依据发下去的范文及归纳出来的写作知识,模仿写作训练。一般是出两个题目:第一个题目请学生共同讨论后拟定提纲,我主要从审题、立意、谋篇布局等方面加以点拨、指导,看其是否符合模仿写作要求。这个题目是给学生把理论引入实践做个样子。第二个题目才是学生独立书面写作。(4)评议。主要总结学生练笔情况。课堂上请成功之作的学生谈写作过程,再请学生们对照本次作文要求及从范文里归纳出来的写作理论知识,讨论成功之作成功在哪里。为何会成功。反之,失败之作亦如此。如学生讲不清,由我加以阐述,在此基础上请每个学生对自己的习作再进行认真的反思,最后小结,指出本次作文存在的问题并指出改进的方法及措施。

作文仿写基本上解决了教师教学生学写文章无据可依的问题,改变了以前学生写文章只凭自己的经验积累,想些啥就写啥的混乱状态。

3.写些"自由文"。

所谓"自由文"就是让学生打开思路,开动脑筋,放开手脚,插上想象的翅膀,爱怎么写,就怎么写,同时还要采取多种形式引发学生的激情,唤起写作动机,使之提笔如泉涌。我在探索中开拓新路:(1)结合有政治教育意义的纪念日,组织学生参观访问,进行思想教育,点燃写作热情。在作文教学中,引发激情很重要。一个人在大欢乐、大悲哀、大愤怒的状态下,往往能说出平时说不出的警句,写出平时写不出的诗文。民族英雄文天祥在敌人威迫利诱面前,大义凛然,写下了"人生自古谁无死,留取丹心照汗青"的流传千古的名言。在写作过程中,有了激情的冲动,又有驾驭写作技巧的本领,为情造文,就能满怀激情对先进的、崇高的事物赞美,深怀义愤对落后的、腐朽的事物鞭笞,就能写出情深意足、激动人心的好文章。"五一""六一""七一""八一""十一"等重大节日都组织学生开展一些征文活动,既让学生接受思想教育,又可在革命激情的驱使下,写出饱满感情、具有时代气息的佳作,可谓一举两得。(2)结合革命传统教育,组织学生参观名胜古迹,点燃写作热情。参观名胜古迹,容易触景生情,在写作中一旦一星火种点燃作者的感情火把,写作的冲动就情不自禁,思风发于胸臆,言泉流于唇齿,尽情倾吐于笔端。我校多次组织学生到蒲松龄故居、太河惨案遗址、原山国家森林公园、齐国古城、临淄古战车博物馆等地参观,让学生游胜地古迹,赏风景,指导学生观察景物,并在每次参观后组织学生作文,结果有多篇佳作在原《作文周刊》上发表并有多人在征文比赛中获奖。(3)组织学生参加各种作文竞赛,培养学生的竞争意识,激励进取成才。为了培养学生的竞争意识,健全竞争心理,还注意抓住时机向高层次发展,把竞争目光放大、放远,从校内向校外,组织学生参加省、市及全国的作文竞赛及报刊征文。"跨世纪"杯、"语文报"杯、"泰山"杯等作文竞赛都积极组织学生参加,每次都有多篇佳作产生,至今已有六十余篇学生佳作发表。(4)指导学生写日记、周记、办班级文学报。几年来我一直坚持让学生每天写日记,随时记下自己的所得体会,一周来一次小结写一篇周记,在班内建文学兴趣小组,让学生按学号轮流办班级文学报,学生的日记、周记有多篇在《创新天地》等杂志上发表,班级文学报获全国中语会课堂教学研究中心优秀校刊报奖。

三、改革作文的批改形式,把批改权还给学生

作文批改是作文教学的一个重要环节。它对提高学生习作水平,具有极其重要的作用。但由于作文批改面广量大,很多老师力不从心,基本上是苦于应付,疲于奔命。而事实是,教师不可能给每个学生批改一辈子作文,作文批改的最终目的是学生修改能力的提高。新的语文课程标准也提出要培养学生自改文章的能力。基于此我认为作文批改应师改、互改与自改相结合。

1.师改。

师改,就是教者的全批全改。由于学生的互改、自改要以此为蓝本,根据此而仿改,因而它比习惯师改更具有指导性和示范性。师改一般要经过以下四步:(1)批改。它与平常的师改几乎相同,只是要求更高一些。从指导思想上看,它特讲究实效,最忌例行公事,着力于提高批改效率,从具体要求上看,要求教者逐本批改,篇篇见红。既要改出错别字、病句,力求准确无误,又要写好眉批、总批,力求简洁详尽。另外还讲究批改符号的示范性,批改语言的准确性,批改文字的规范性。(2)评讲。它是教师指导下的学生自评自讲。评讲前教者要提前分发已批改的习作和讲评例文,公布评讲思考题。评讲时,先引导学生分析习作题目,讨论习作的一般写法,然后组织学生总结本次习作的优点,归纳写作规律,最后启发学生找出主要问题,从中吸取教训。(3)小结。经过评讲,学生对自己的习作得失了如指掌,据此要求学生写出书面小结。这样不仅可扩大批改和讲评的效果,而且可以升华学生习作方面的认识。只是在小结时,一定要强调两点:一是实事求是。要恰如其分的评价自己的习作。二是要有重点。写小结要写出主要收获和体会,切不可面面俱到。(4)批复。学生小结后,教者应对其小结认真浏览一遍,浏览时要力争改出明显的错字病句,写上必要的评语,给予恰当分数,对其小结认真的给予高分,并在适当时当众表扬;对其小结一般的给予中上分,并在评语中予以鼓励;对其小结马虎的给予低分,并在面批时耐心教育。这样不仅可以检查批改和评讲的效果,而且可督促学生写好小结,从而收到事半功倍的效果。

2.互改。

互改就是学生的互相批改。但这种互改一定要在教者的指导下进行。尤其在最初,一定要由教者建好互改小组,统一互改符号,明确互改要求,从而使互改进入正轨。通常一次互改要经过以下四步:(1)指导。为使互改获得成功,互改前,必须进行指导。初次互改自不必说,即使是再度互改,也由于文题不同而不能例外。那么如何指导呢? 首先引导学生明确习作批改的一般要求,使学生心中有底;其次启发学生讨论互改本篇的具体要求,使学生心中有谱,最后组织学生集中批改一篇典型习作,使学生心中有例。这样学生既有理论的指导,又有实践的体会,互改起来,就会得心应手。(2)批改。一般以小组为单位,安排在课内进行。首先,通读全篇,了解轮廓。要求注意思想内容、篇章结构,随手画出错别字,订正标点符号,然后,逐节细看,斟酌比较。要求以内容、结构、表达等方面进行批改,改出病句,写好眉批。最后检查全篇,综合评分。要从头到尾逐字逐句检查,及时纠补错漏。写出总批,评分署名。此外,一定要强调先用铅笔做记,后用红笔审定。(3)互查。学生批改后,必须进行互查。这既是一次批改检阅,又是一次批改训练。互查前,教者必须讲清互查意义,统一思想认识。互查时,首先将临近小组已批改的习作进行交换,然后要求学生将它们至少检查两遍,主要检查习作批改有否错改、漏改,做到有错必纠、有漏必补。但无论纠,还是补,都必须跟原批改人切磋,确定后再进行纠补。最后要求学生核定评分,写上互查意见,署上姓名和日期。这样既可以减少失误,又可互相学习。(4)复查。为把失误减少到最低限度,互查后,应有教者将已查的习作浏览一遍,实行对习作、批改、互查的终身裁决。对于准确无误的,要写赞语,打高分,表扬他们,调动起积极性;对于悬殊不大的,要多表扬,少干涉,尊重他们,增强其自信心;对于悬殊较大的,要摆事实,讲道理,说服他们,增强其洞察力。总之,既要准确反映习作的真实水平,达到批改的目的,又要极力保护学生的积极性,提高他们的批改能力。

3. 自改。

自改就是学生的自批自改。由于此时的学生经历了师改、互改,已有一定的批改能力,因而,让他们自改,可谓轻车熟路,不再为难。通常一次自改要经过以下四步:(1)指导。经过师改、互改,学生虽有一定的批改能力,但若要他们自改,尚需进行一定的指导。因为文题不同,其标准也就不同;学生水平有别,其能力也就不齐。那么怎样指导呢?首先指导学生复习习作批改的一般要求,理清批改本篇的具体要求,讲析一篇典型例文。然后重点指导学生怎样发现自己习作中存在的问题。通常要求学生反复阅读,看看是否顺口,有否多余,从而使学生具有挑剔的目光,变成"当局者清"。(2)批改。一般在课内进行,分两步进行:第一步是初改,要求学生求同,至少改两遍:第一遍检查文字、标点是否有误;第二便是检查格式、语句是否有误。第二步是复改,主要是求好。也至少改两遍:第一遍检查文题是否一致,中心是否明确,选材是否适当;第二遍是检查层次是否清楚,详略是否得当。另外在检查中要及时写好眉批、总批,准确评出分数。(3)复查。这是一种浏览式的检查,要求教者将改后的习作全部浏览一遍。浏览者着重检查以下几点:一是检查学生的习作和批改态度,二是检查学生的习作是否有错改、漏改并进行纠补,三是检查学生的眉批、总批是否准确并进行完善,四是检查学生的评分是否合理并进行调整。此外教者可对习作和自改情况进行总评。(4)写后记。为了及时进行反馈总结,复查后要让学生写后记,这样可再次提高学生对习作和批改的认识,培养他们分析和表达能力。后记可针对习作者本身的体会、自批自改的评价,也可针对教者复查的感受及总评的情况。要求第一段提出观点,第二段用二至三个论点进行论证,第三段收束全篇。总之,叶老曾说"教的最终目的在达到不复需教,而学生自为研索,自求解决"。作文批改也不例外,以上的这种批改方式不仅减轻了教者的批改负担,也培养了学生的批改能力,使其终身受益。

四、改变作文的讲评方式,培养学生欣赏美的能力

作文讲评的形式要给予适当改变,我在这方面进行过尝试,就是寓作文讲评于美的欣赏之中,即在整个作文讲评教学中要给学生以美的感受,受到美的教育。马克思说过:"艺术对象创造出懂得艺术和能够欣赏美的大众。"在作文讲评中,只有让学生得到美的欣赏,讲评才能生动活泼,饶有情趣。而传统的作文讲评教学恰恰忽略了向学生展示出作品具有的那些宝藏,其结果是使学生不感兴趣,起不到应有的作用。而如能寓作文讲评教学于美的欣赏之中,才能将学生带入一个理想的艺术境界,愉悦其耳目,启迪其心灵,触发其情感,引起其共鸣。这样在讲评中教师会感到轻松愉快,学生也会把作文讲评当成了一种艺术美的享受,学生的写作兴趣与能力也会随之而提高。

刘勰在《文心雕龙》中写道"夫缀文者情动而辞发,观文者披文以入

情"这里一语道出了"情"是文章的灵魂,是文章的艺术美所在。这一点也正是我们在过去作文讲评中所忽略的。传统的讲评方式是单一的,若改变这种形式,让每一个学生参与其中,那一定会得到一个最佳的教学效果。具体讲,在讲评前,把要讲评的文章录音,并配有音乐。讲评时先让学生听录音,这其中包括有关名家名篇和这次作文的有关文章的录音,也包括学生的佳作及优秀作文片断的录音。这主要是让学生达到欣赏的目的。之后教者根据本次作文的实际,师生共同讲评。这样师生通过美的欣赏和在美的享受中,共同去分析鉴赏。欣赏和鉴别是一种艺术的认识活动,它始终伴随着活生生的形象和内心的情感反应,与此同时,理性思维也要对文章进行评价。这样一来,学生随着音乐美的旋律和抑扬顿挫的感情朗读,边听边想,同时也把学生带入文章的意识之中。欣赏之后,教者再组织学生进行讲评。因为只有学生理解了的东西,才能更深刻的透过作文的语言去掌握文章的环境美及人物的心灵美。此外教者在讲评总结中,也不要干巴巴总结几条写作上的特点及失误,主要是通过作文的审美实践来提高学生鉴赏美的能力。

作文讲评的任务是对学生作文的优缺点和存在的问题进行综合分析,把学生引到规律上来认识,以便帮助他们发扬成绩,克服缺点,不断提高写作能力。因此作文讲评是作文教学中生动、有效的一环,万万不可忽视。作文讲评的方法是多样的,常见的有"综合讲评""佳作讲评""专家讲评""对比讲评"等,而我在教学实践中用得最多的是"肢解讲评法"。肢解,分割也。这种方法就是把学生作文中优美的片断、句子及失败的地方分割开来,进行讲评。这样既能培养学生的写作兴趣,又能顾及大多数学生的写作情绪。学生的作文虽然不能像名家名篇那样的完美,但每个学生的作文中也不同程度有成功和闪光的地方。有的学生的作文,从整体上看不够理想,但他们作文中的开头或结尾,人物肖像或典型环境描写得具体而又逼真。教师应抓住学生作文中一点成功之处,进行恰如其分的讲评。用这种方法讲评,还可以消除学生作文的心理障碍,调动学生的写作积极性。在写《我的母亲》这篇作文时,有个学生在结尾处写道:"我爱我的母亲,更爱那些英雄战士的母亲,是她们养育了为祖国神圣领土而战的英雄战士,我们有什么理由不热爱她们呢!"我在讲评作文时,让这个学生讲一讲他作文结尾处为什么这样写。这个同学说:"开始我只写了'我爱我的母亲,是她养育我长大,我有什么理由不热爱她呢!'但是,当我修改时,广播电视节目中正播放《再见吧,妈妈》这首歌曲,歌曲旋律优美,歌词振奋人心,因此我改成了现在的内容。"这一席话,深深打动了每一个学生的心。文章的结尾既谈出写作的心理及方法,又使广大学生在欣赏作文中受到了教育,使学生在美的欣赏中陶冶了情操。

由此看来,随着科学技术的飞速发展,电化教学手段已深入到教学领域,也必将对作文教学起到巨大的推动作用。语文教师要充分利用这一现代化的教学手段,改变讲评的形式和方法,引导学生在作文讲评中发现美、鉴赏美、创造美,把作文讲评课上成美育课。通过美感发挥作文讲评课的作用,完成作文讲评的任务,用美感去拨动学生情感的琴弦,以此达到寓作文讲评于美的欣赏之中的目的。